≫ **现代商贸研究丛书**

丛书主编：赵英军
副主编：肖亮 余福茂

高校人文社科重点研究基地
浙江工商大学现代商贸研究中心
浙江工商大学现代商贸流通体系建设协同创新中心资助

中国制造企业全球价值链嵌入过程中的产品质量问题研究

谢 杰 著

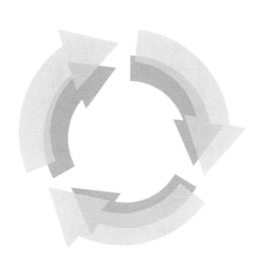

中国财经出版传媒集团
经济科学出版社
Economic Science Press

图书在版编目（CIP）数据

中国制造企业全球价值链嵌入过程中的产品质量问题研究/
谢杰著 . —北京：经济科学出版社，2020. 8
（现代商贸研究丛书）
ISBN 978 - 7 - 5218 - 1704 - 1

Ⅰ. ①中…　Ⅱ. ①谢…　Ⅲ. ①制造工业 - 产品质量 - 质量
管理 - 研究 - 中国　Ⅳ. ①F426. 4

中国版本图书馆 CIP 数据核字（2020）第 123803 号

责任编辑：陈赫男
责任校对：隗立娜
责任印制：李　鹏　范　艳

中国制造企业全球价值链嵌入过程中的产品质量问题研究

谢　杰　著

经济科学出版社出版、发行　新华书店经销
社址：北京市海淀区阜成路甲 28 号　邮编：100142
编辑部电话：010 - 88191348　发行部电话：010 - 88191522
网址：www. esp. com. cn
电子邮箱：esp@ esp. com. cn
天猫网店：经济科学出版社旗舰店
网址：http: //jjkxcbs. tmall. com
北京季蜂印刷有限公司印装
710 × 1000　16 开　9 印张　140000 字
2020 年 11 月第 1 版　2020 年 11 月第 1 次印刷
ISBN 978 - 7 - 5218 - 1704 - 1　定价：40. 00 元
（图书出现印装问题，本社负责调换。电话：010 - 88191510）
（版权所有　侵权必究　打击盗版　举报热线：010 - 88191661
QQ：2242791300　营销中心电话：010 - 88191537
电子邮箱：dbts@ esp. com. cn）

　　受高校人文社科重点研究基地浙江工商大学现代商贸研究中心和浙江工商大学现代商贸流通体系建设协同创新中心资助。也受到教育部人文社会科学研究项目"中国先进装备制造业全球价值链高端攀升路径研究：多环流协同驱动视角"（18YJA790088），浙江省自然科学基金项目"要素市场扭曲背景下对外直接投资的产能过剩治理效应研究"（LY17G030005）的资助。

前　言

中国经济已经由高速增长阶段转向高质量增长阶段。中国企业不断嵌入全球价值链（global value chain，GVC）过程中，如何有效推进中国企业出口产品质量升级是实现中国经济高质量发展的关键环节。改革开放以来，中国企业积极参与国际分工，并不断嵌入 GVC。发展中国家企业在嵌入 GVC 过程中，会依次经历工艺流程升级、产品升级、功能升级和链条升级，并可能通过"出口学习"以提升产品质量。然而，国际经验表明，发达国家龙头企业会通过纵向挤压，形成对发展中国家企业的"低端锁定"。中国企业在嵌入 GVC 过程中，其出口产品质量是否经历显著升级仍存不少争议。中国企业在嵌入 GVC 过程中，如未能呈现出口质量持续提升趋势，则可能存在"GVC 嵌入—出口质量悖论"。鉴于此，本书聚焦于中国制造企业 GVC 嵌入过程中的出口产品质量升级问题，具有较强的理论和现实意义。

本书的研究拓展主要体现在以下五个方面：第一，理论框架拓展。从供给、需求双侧构建体现 GVC 嵌入影响的企业出口产品质量决定方程，为基于结构模型的实证分析提供理论基础。第二，研究维度拓展。从质量维度这一新切入点出发，应用双重差分法分析外部收入冲击、质量差异与出口变动之间的因果关系。第三，研究视角拓展。将企业层面 GVC 嵌入讨论拓展至对企业层面出口产品质量影响的考察。第四，研究范围拓展。本书将研究范围进一步拓展至加工贸易与混合贸易企业。第五，研究时间拓展。通过会计等式对缺失的"中国工业企业数据库"（以下简称"工企"）数据进行补充，对研究主题涉及指标的测算年限在原有基础上进一步扩充至 2013 年。囿于供给和需求侧法测算出口产品质量所需的数据质量限制，本书基线分析部分使用的样本期为 2000 ～ 2011 年，稳健性分析部分将扩展至 2013 年。

本书通过构建体现 GVC 嵌入影响的企业出口产品质量决定方程，并基于此进行结构模型分析发现：随着中国企业不断嵌入 GVC 的纵深，面临的来自发达国家领导企业的低端锁定风险也将愈来愈大。随后的 Meta 分析、影响机制分析和稳健性检验也证实了一些重要结论。为验证基准回归是否稳健，进行了出口质量的其他衡量、企业价值链嵌入指标的其他衡量、两阶段最小二乘法（two stage least square，2SLS）、多期 DID、扩展样本期等一系列稳健性检验。分别从企业 GVC 嵌入类型、所有制、贸易方式和地区差异等角度进行了异质性分析。本书中以金融危机作为外生冲击所构建的多期双重差分模型（DID），揭示了价值链嵌入对出口质量存在影响。中国在近 10 年嵌入 GVC 过程中，遭遇了全球金融危机的冲击。为此，本书也从质量维度这一新切入点出发，应用双重差分法分析外部收入冲击、质量差异与出口变动之间的因果关系。安慰剂和稳健性检验均证实了实证结果估计的可靠性。本书也估计了不同特征企业、地区，以及一些增长未受影响国家在质量维度上对中国出口需求的差异表现。

本书的主要结论：（1）中国企业 GVC 嵌入与出口质量间存在倒"U"型关系。根据倒"U"型曲线顶点临界值，以及样本期中国企业出口质量均值，可判断多数中国企业尚处于出口质量提升区间，整体呈波动上升趋势。（2）在嵌入 GVC 过程中，中国企业通过竞争效应促进了出口质量提升。中间品效应和大市场效应未能起到期望的质量提升作用。尽管中国是中间品进口大国，但低端原料进口产生了 GVC 锁定效应；与发达国家贸易并未带来"以市场换技术"的效果，发达国家通过技术壁垒锁定了中国企业质量提升之路。（3）中国企业在嵌入 GVC 的过程中应注重生产率、产品创新与研发等的提升，应通过市场竞争来倒逼企业质量升级，应克服融资约束等问题，也需发挥质量优势，而非规模优势。（4）GVC 嵌入对出口质量的影响存在异质性。从嵌入类型看，全面嵌入 GVC 为企业带来的质量提升效应最为明显。从所有制看，相对于合资企业与外资企业，国有企业在 GVC 嵌入过程中的持续升级难度更大，民营企业则具有更高的质量升级动能，外资企业的质量升级难度最小。从贸易方式看，加工贸易的质量提升效应要低于一般贸易和混合贸易。从区域差异看，沿海地区质量持续升级能力较大，西部地区具有较强出口质量提升潜力；由于产业结构单一、转型阻力较大，中部、东北地区面临质量提升困境。价值链嵌入显著促进了长江中游、长三角、京津冀、中原、珠三角地区企业的出口质量升级；由于产业结构单一、地理区位劣势，关中与成渝地区城市群企业未能在GVC嵌入过程中呈现质量升级趋势。（5）金融危机下的收入冲击对高质量产品出口的抑制作用强于低质量产品。安慰剂和稳健性检验也证实了估计的可靠。不同收入条件下的质量需求弹性具异质性，即所谓"质量恩格尔曲线"（quality Engel curves）效应。当需求跨越国境之后，这种效应也显著存在。（6）不同贸易方式、企业规模、企业性质、不同地区样本出口变动的表现也存在明显差异。一般贸易相对于加工贸易、小规模企业相对于大规模企业、民营企业相对于其他类型企业，在高质量产品出口中的下滑更为严重；西部地区高质量产品在金融危机时期的出口下降更明显，东部其次，中部最小。可能的解释如下：除金融危机下的收入冲击之外，供给因素也是影响产品出口的重要原因，如融资约束、运输成本、地区生产分布等。利用支出、失业指标再量化收入冲击后发现，随着出口目的国所受收入冲击的增强，中国高、低质量产品的出口表现差异愈发明显。（7）中国出口产品在金融危机前后经历显著的质量升级。实现我国出口产品的质量升级还有很长的路要走。

本书的研究结论具有如下政策启示：第一，中国企业在不断嵌入GVC纵深的过程中，需密切关注其质量提升之路上可能面临的发达国家龙头企业施加的低端锁定风险，并通过增强自主研发能力以对冲此类风险。第二，通过优化进口中间品结构以提高进口中间品质量和多样性，帮助企业摆脱低端原料进口所带来的低端锁定困境。第三，中国应反思和改革"以出口市场换技术"的策略，帮助企业在国际市场上由价格竞争走向质量竞争。第四，完善所有制改革，摒弃"大而全"思想，增强国有企业的竞争意识和市场意识，帮助民营企业克服融资约束，充分调动各类经营主体的积极性，激活其市场活力。第五，通过高铁、无线网络宽带等基础设施建设，帮助区位不占优势地区增强与经济发达地区的市场联系，并打破地区分割、改变产业结构单一痼疾，形成全国统一大市场，从而推动更多的中国企业在嵌入GVC过程中，全面提升出口产品质量。第六，新兴市场仍可为中国出口市场提供新机遇。第七，中国的低质量产品仍具有市场和竞争力。这为我国调整产业结构、提高科技实力和产品质量升级赢得了时间。第八，有必要对现阶段经济发展模式和对外贸易格局进行有针对性的调整。政府应积极引导企业出口转向"一带一路"国家、发展中地区等新兴经济体市场，提高国际贸易地理方向上的多元性。转变经济增长动力，大力挖掘内需潜力，提高国内消费者的有效需求，将"出口转内销"发展成经济的新常态。深化金融市场改革，扩大中小型企业或民营企业融资渠道，积极创新融资方式，以预防和降低金融风险对这类企业造成的损害。以供给侧结构性改革为契机，加快推进要素市场改革，为企业应对风险提供相应扶持，减轻国际市场对本国市场的冲击，从而在一定程度上帮助缓解经济危机带来的不利影响。

目录

第 1 章　绪论 ……………………………………………………… 1

  1.1　研究背景 …………………………………………………… 1

  1.2　理论意义与现实意义 …………………………………… 10

  1.3　文献综述 ………………………………………………… 11

  1.4　研究方法、研究内容与可能的创新点 ……………… 19

第 2 章　体现 GVC 嵌入影响的企业出口产品质量决定模型 ………… 23

  2.1　质量内生决定模型构建 ………………………………… 23

  2.2　价值链嵌入指标的引入 ………………………………… 26

  2.3　价值链嵌入对出口质量的影响 ……………………… 27

  2.4　中间品效应、竞争效应与大市场效应的机制研究 … 29

  2.5　本章小结 ………………………………………………… 32

第 3 章　企业嵌入 GVC 的质量动态分析 …………………………… 33

  3.1　全面嵌入与非全面嵌入企业价值链嵌入的分情形对比 …… 33

  3.2　全面嵌入与非全面嵌入企业的出口质量的分情形对比 …… 36

  3.3　企业嵌入价值链的角色变化与企业出口质量变化 …… 39

第 4 章　企业 GVC 嵌入对产品质量影响的结构模型分析 ………… 44

  4.1　数据清洗与筛选 ………………………………………… 44

  4.2　企业层面 GVC 嵌入指标估计 ………………………… 45

  4.3　企业出口产品质量估计 ………………………………… 48

  4.4　控制变量的估计与计算 ………………………………… 53

4.5　基准回归模型设定与分析 ……………………………………… 53

第5章　价值链嵌入与出口质量非线性关系及其影响机制研究 ……… 57
5.1　价值链嵌入与企业出口质量的非线性关系验证 …………… 57
5.2　"剂量—反应关系 Meta 分析"对倒"U"型非线性关系的
再次验证 ………………………………………………………… 60
5.3　价值链嵌入与出口质量之间的影响机制分析 ……………… 61
5.4　价值链嵌入对出口质量的影响因素分析 …………………… 64

第6章　企业 GVC 嵌入对产品质量影响的稳健性检验 ……………… 69
6.1　出口产品质量的其他衡量 …………………………………… 69
6.2　企业价值链嵌入指标的其他衡量 …………………………… 70
6.3　两阶段最小二乘法回归 ……………………………………… 72
6.4　外生冲击下价值链嵌入对出口质量影响再检验：
多期 DID 模型 ………………………………………………… 73
6.5　扩展样本期分析：基于 2000～2013 年工企与海关
数据的再次验证 ……………………………………………… 81

第7章　企业 GVC 嵌入对产品质量影响的异质性分析 ……………… 82
7.1　GVC 嵌入类型与价值链嵌入的质量效应 ………………… 82
7.2　所有制与价值链嵌入的质量效应 …………………………… 83
7.3　贸易方式与价值链嵌入的质量效应 ………………………… 85
7.4　地区差异与价值链嵌入的质量效应 ………………………… 86
7.5　企业 GVC 嵌入对出口产品质量影响的研究小结 ………… 86

第8章　外部收入冲击、质量差异与出口之间的因果关系研究 ……… 91
8.1　外部收入冲击、质量差异与出口之间因果关系的
理论述评 ……………………………………………………… 91
8.2　产品质量、产品出口等指标的测算与数据处理 …………… 93
8.3　外部收入冲击影响机制分析 ………………………………… 97
8.4　稳健性检验 ………………………………………………… 107

8.5　多重分组研究与收入冲击再量化 ……………………… 111

8.6　本章小结 ………………………………………………… 116

第9章　结论与政策启示 …………………………………… 118

9.1　主要结论 ………………………………………………… 118

9.2　政策启示 ………………………………………………… 120

参考文献 ……………………………………………………… 122

第1章 绪 论

1.1 研究背景

根据我国发展所处新的历史方位，党的十九大报告做出了"中国特色社会主义进入了新时代"的重大科学判断，"我国经济已由高速增长阶段转向高质量发展阶段"是新时代中国经济发展的基本特征。2017年，中央经济工作会议明确要求围绕推动高质量发展，做好8项重点工作，其中在推动形成全面开放新格局的部署中，提出要"更加注重升级出口质量和附加值"。制造业是国民经济的主体，是立国之本、兴国之器、强国之基，制造业出口在我国整体对外贸易中占据绝对份额，是我国推进贸易强国建设最重要的领域。2017年，我国制造业出口14.76万亿元，占货物贸易出口额的96.3%，占国际市场份额的14.2%，制造业出口增长是我国维持自2009年以来连续8年全球第一大货物出口国的主要原因。① 但是相关数据和研究表明，虽然目前我国是制造业出口的"贸易大国"，但出口增长却表现为"重数量、轻质量"的粗放式特征，尤其是出口质量始终徘徊在较低水平，附加值不高，在国际分工和产业链中处于从属地位，出现"低端锁定"困境。

近些年的《中国经济增长质量报告》显示，城市和地区经济增长指数均由数量追赶转变为质量追赶。在此背景下，企业出口行为已由数量导向转变为质量驱动。那么，我国企业的出口质量是否已经历升级？部分国内

---

① 海关总署2017年全国净出口有关情况发布会，http：//fangtan. customs. gov. cn/tabid/539/InterviewID/119/Default. aspx。

学者发现中国企业经历了出口质量升级的过程（殷德生，2011；刘海洋等，2017；余淼杰等，2017），也有学者持相反观点（施炳展等，2013；张杰，2014），这表明关于我国出口质量是否经历升级这一论点仍存在争议。同时，在改革开放40多年的发展过程中，中国实现了市场转型，企业也通过参与分工推动我国在GVC中的位置和嵌入度。但这仍不足以改变我国因长期出口低附加值产品所带来的在全球分工中的"低端锁定"和产品"低质低价"等现状。而在过去40年，制造业企业在我国经济中的重要性并未改变，并且可能增加。而目前多数文献对于价值链嵌入与出口质量的探讨主要集中于各自影响因素和具体测算的分析以及从行业层面对二者关系进行讨论，缺少从企业层面价值链视角评估出口质量效应。

此外，中国制造业企业在嵌入GVC的过程中将通过哪些路径引起"出口质量效应"？孙学敏等（2016）认为中国企业嵌入GVC主要通过进出口、联合研发、新建投资与并购这三种方式。本书基于此重点分析进出口企业GVC嵌入的出口质量效应。具体为，发达国家凭借其研发资本和人力资本等比较优势，通过新技术、新产品和新设计控制着GVC中附加值较高的环节，进出口企业可以通过发达国家或地区企业的"技术溢出"实现自身出口产品的技术攀升，并促进企业出口质量的飞跃。对于进出口企业而言，一方面，出口企业在"走出去"的过程中要想其产品在"优胜劣汰"的国际市场环境中占有一席之地，需要通过"学习效应"来提升企业产品质量，进而获得消费者"货币选票"，并且在与发达国家企业开展以产品为依托的市场竞争过程中，倒逼其接受发达国家或地区的先进技术与管理来提升企业产品质量，因此，出口企业在发达国家市场只有"以质取胜"才能继续存活。另一方面，进口企业为了节约研发成本可以通过进口高质量的中间投入品来实现以较低的成本学习和掌握发达国家的现有技术，使企业能够在较短的时间内更快地提升产品出口质量。

鉴于中国正面临发达国家"高端回流"和发展中国家"中低端"分流的双重竞争，居于中间夹层且依附于发达国家主导的GVC，中国将难以突破"中等收入陷阱"。中国想要在构建全球化生产体系等方面培育经济增长新动力（王一鸣，2017），就需优化经济发展方式和结构，培育新的产业经济增长点，从投资、要素驱动转变为创新驱动。中国要想摆脱在GVC中的低端锁定困境，就需要构建新型GVC，"一带一路"倡议的提出提供了新机遇（孟祺，2016）。习近平总书记的"一带一路"倡议体现了中国面对"逆全球化"复杂局面，更新全球治理和发展机制、构建包容性GVC的最重要的决心和措施（刘志彪，2017）。这一倡议有助于中国在扩大内需、调整结构中，重振制造业的国际竞争优势。这一宏伟构想适应了中国对外开放区域结构转型、要素流动转型、国际产业转移和国家经贸合作转型需要，涉及众多国家和地区产业与要素调动，为中国先进制造业发展提供了战略空间。中国企业在海外进行大规模布局，有助于弥合发达国家制造业回流形成的GVC割裂（王玉柱，2016）。中国应创新"一带一路"价值链与国际产能的合作机制（张末楠，2016），积极参与21世纪全球治理，不断优化自身跨区域资源整合和优化配置的能力。

改革开放40多年来，我国已成为世界第一制造大国，但同时我国制造业大而不强，总体处于价值链中低端。某个企业属于先进制造业，并不必然处于价值链高端。比如我国光伏产业产能过剩主要就集中在低端环节。为解决中国高端产能不足问题，国家"十三五"规划纲要提出"制造强国战略"，将发展焦点集中在智能列车、新能源汽车、智能电网、高档数控机床等十大先进装备制造方面。《中国制造2025》提出提升我国制造业增加值率的目标（范金等，2017）。党的十九大报告强调发展先进制造业，推动互联网、大数据、人工智能和实体经济深度融合；促进产业迈向全球价值链中高端。中国要想实现新跨越，需要走制造业高质量发展之路，提升制造业技术含量，积累新动能，不断迈向制造业价值链高端，实现制造企业出口产品质量升级。

中国要想从"躯干国家"制造向"头脑国家"制造转型，实现"中国制造"向"中国智造"的历史性跨越，就需要制造业成长机制的正向激励（李坤等，2014）。党的十九大报告强调：必须加快建设制造强国，加快发展先进制造业，促进我国产业迈向全球价值链中高端。党的十九大报告在诠释"高质量发展"新理念时指出要推动形成全面开放新格局：以"一带一路"建设为重点，形成陆海内外联动、东西双向互济的开放格局。2017年底，中央经济工作会议强调：继续实施京津冀协同发展、长江经济带发展、"一带一路"建设三大战略。落实国家战略，拓展学界观点，本书认为我国先进制造业向GVC高端攀升路径将贯穿国家价值链（NVC）、区域价值链（RVC）、GVC三大价值链环流。

中国在发达国家主导的GVC环流中，可通过双向投资引进吸收先进技术。中国在"一带一路"建设下形成的RVC环流，可能实现技术产业化，完成产业升级与经济中高端化（张辉等，2017）。中国与"一带一路"沿线国家在产业内和产业间的互补性均强于竞争性，中国推进价值链的转换，将会对产业高端化产生积极影响（魏龙、王磊，2016）。"一带一路"沿线承接过剩产能为国内制造业升级腾挪了空间，有助于中国企业沿 GVC 攀爬。中国经济已进入高质量发展的新阶段，全球 GVC 重构背景下，在"一带一路"倡议推动下，中国制造业能否在国家价值链（national value chain，NVC）、区域价值链（regional value chain，RVC）、GVC 构成的多环流中抓住新一轮产业升级的战略机遇，实现制造业的跨越式发展，将关乎中国在国际经济体系中的自主水平和话语权。我国还利用 G20 主场优势提出"促进包容协调的全球价值链"倡议，敦促 G20 批准了《G20 全球投资指导原则》，为中国企业拓展了国际政策空间。2016 年 4 月，安永会计师事务所发布了《勇拓海外：制造大国的全球梦——中国海外投资展望 2016》报告，预计未来几年对外投资将继续在欧美等发达国家向产业链上游发展，同时在"一带一路"沿线收获更多投资机会。中国在"一带一路"、G20、亚太经济合作组织（Asia-Pacific Economic Cooperation，APEC）等多个场合提出 GVC 治理的"中国方案"，体现出共同发展的担当。

跨国公司是国际化生产的微观主导者，其全球化地寻求比较优势并配置生产活动行为导致 GVC 产生，而 GVC 的产生又进一步加深了国际分工的深化。随着垂直专业化分工日益细化，对外直接投资（foreign direct investment，OFDI）和中间品贸易迅猛发展，国际生产、贸易与投资活动正在发生着深刻变化，世界经济进入以生产过程分割化为主要特征的全球价值链重塑时代。散布于全球的、处于 GVC 各环节的企业分别进行各种价值增值活动。生产分割显著促进了企业生产率（刘维刚、倪红福、夏杰长，2017）。企业在 GVC 环节中所处的地位对企业竞争力产生重要影响。越来越多的国家倾向于将当地经济活动嵌入 GVC 网络中，以获得更高的价值增值，国家、产业、企业之间的竞争已演变为其所拥有或所嵌入的 GVC 的竞争。高附加值的战略环节，成为当前全球化流动空间里争夺的焦点（Barreto，2010）。

在 2001 年加入世界贸易组织（World Trade Organization，WTO）后，中国企业依靠低成本优势嵌入西方跨国公司主导的 GVC，接受订单进行国际代工。制造业全球化发展使中国取得巨大红利，成为世界第一制造大国。但大而不强是中国制造业的显著特征，总体仍处于 GVC 中低端。由于对要素禀赋路径依赖以及研发等，GVC 高端还由发达国家跨国公司掌控，这种"嵌入 GVC 的出口导向发展模式"易使我国陷入比较优势陷阱（刘志彪，2017），而被低端锁定。在 GVC 底部，进入壁垒低、替代者众多、竞争异常激烈，东南亚等发展中经济体也以其低廉劳动力成本优势，逐步取代我国制造业在 GVC 低端的传统地位。在目前世界经济不景气（徐朝阳、周念利，2015；王玉柱，2016），全球需求萎缩形势下，低效企业比重过大，从而形成低端制造产能过剩。我国在经历 40 年高速发展后，在出口需求放缓、劳动力成本上升、环境恶化、产能过剩等局面下，长期被锁定在 GVC 中低端的粗放型发展模式已难以为继。

在被"俘获"型 GVC 治理结构下，中国很难在发达国家主导的 GVC 下实现攀升（刘志彪、张杰，2009）。中国学者创造性提出"在战略层面上充分重视从被'俘获'与'压榨'的 GVC 中突围问题，加快构建以本土市场需求为基础的 NVC 网络体系和治理结构"的论断，突破了主流 GVC 理论假设判断，理论上另辟蹊径，非常具有启发性。不过实证研究也表明，单纯基于 NVC 的工业化道路不是中国制造业升级的最优选择（UNCTAD，2016）。"一带一路"倡议提出有利于推动以中国为核心的国际价值链形成（蓝庆新等，2016），产业政策和贸易政策协调使用（毛海涛、钱学锋、张洁，2018），形成新世界贸易轴心。若"一带一路"倡议在经济上可行，中国将从嵌入欧美日主导的 GVC 转换为自我主导的 RVC，中国与"一带一路"沿线国家在产业间和产业内互补性均强于竞争性，中国占据价值链高端，具备主导 RVC 的条件（魏龙、王磊，2016）。作为最大的发展中国家，通过发起"一带一路"全球平台，既能给自身提供更大的空间，推动大区域更频繁合作，推动中国产业结构升级，又能在当今国际经济格局下为发展中国家谋求更为公平包容的发展机遇（张辉等，2017）。

目前的理论研究表明，中国制造业需要在 NVC、RVC 和 GVC 构成的价值链多环流中实现产业升级，并最终取得国际竞争优势。本书认为中国制造业应该抓住"一带一路"这一国家层面的重大机遇，在国内产业结构调整中构筑 NVC，在与发展中国家的区域经济合作中主导 RVC，在向发达国家的学习中嵌入 GVC，最终在价值链多环流中实现向 GVC 的高端攀升，逐步获取 GVC 控制权。基于此，中国制造业如何在 GVC 嵌入过程中实现制造业产品质量升级？其背后逻辑和内在机理是什么？本书力图探索这些问题的答案。

金融危机后，美国出台"先进制造业国家战略计划"，重新布局先进制造业。美国提出再工业化后，其他发达国家跟进，德国提出"工业4.0计划"，英国推出"高价值制造战略"，日本提出"振兴制造业计划"等，纷纷以先进制造业发展为突破口，追逐新一轮工业革命（周春山，2013），凸显了世界大国对制造业的重视，以及围绕它而展开的激烈战略性竞争。"低端锁定"是中国制造业嵌入GVC后面临的主要困境。发达国家制造业回流与更多新兴经济体的低端嵌入又展现出GVC的"挤出效应"（王磊、魏龙，2017），中国制造业存在与GVC脱钩的风险。中国的制造业若不进行转型，仍停留在中低端，那么中国制造业将会牢牢地被锁定在低端环节（邵慰，2016）。特朗普当选、英国退欧等逆全球化趋势明显，贸易保护主义抬头，发达国家出台了一系列"逆全球化"新政，掀起了制造业重构狂潮。在新一轮全球制造业结构调整和GVC重塑过程中，中国制造业如何在激烈的竞争环境中适时进行质量提升，在全球制造业生产体系中占据一席之地，学界需进行深入的研究。

1.1.1 企业参与价值链的数量与规模稳中有升

借鉴席艳乐等（2015）将企业是否同时参与中间品进口与出口作为企业是否为GVC全面嵌入者的界定。本书发现在2000~2011年工企与"中国进出口海关数据库"（以下简称"海关"）匹配数据中，囊括145215家GVC全面嵌入者、257257家非GVC全面嵌入者，共计有402472条数据集，具体如图1-1所示。不难发现，一方面，我国企业通过进出口参与国际分工的数量逐年上升。但是，在各年度中，我国GVC全面嵌入型企业数量和增长趋势均不及非GVC全面嵌入型企业。并且GVC全面嵌入型企业数量在2010年有较大的降幅，GVC全面嵌入型企业数量在我国整体呈现缓慢的波动上升趋势。另一方面，GVC全面嵌入型企业的GVC嵌入度要高于非GVC全面嵌入型企业，但是二者间的差距在逐渐缩小。这说明非GVC全面嵌入型企业相对于GVC全面嵌入型企业在数量上占据优势，且伴随着差距的扩大，进一步拉低了二者间GVC整体嵌入度的差距，这说明我国企业参与GVC的数量和GVC嵌入度均不够。

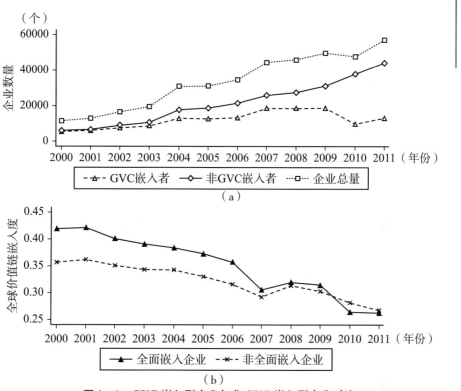

图 1-1 GVC 嵌入型企业与非 GVC 嵌入型企业对比

资料来源：笔者整理计算得到。

1.1.2 出口质量经历波动性升级

　　企业是否选择嵌入 GVC 以及是否全面嵌入 GVC 都势必影响企业出口表现，而企业全面参与国际分工的最终目的就是为了进行出口学习并提升企业竞争力，而产品竞争的提升依托产品质量的提升，那么，企业在嵌入GVC 的过程中是否经历了质量升级过程？国内学者关于此问题的观点存在一定差异。为回答上述问题，本书从出口质量的具体测度以及企业是否全面嵌入 GVC 带来的质量变化来逐步回答。

　　一方面，目前国内测算企业出口产品质量的代表性做法有三种，通过图 1-2 中的测算对比可以发现，单位价值法和需求信息回归推断法相比较于供给需求信息法而言会分别造成对企业出口质量测算的低估与高估，并且各年度间出口质量的变动趋势也有较大的差异，基于供给与需求侧的供给需求信息法以及基于单位价值法所测算的出口质量均呈现整体波动上升的趋势，但是基于需求侧所测算的出口质量呈现整体波动下降的趋势。通过对比可以证明，基于供给与需求侧的出口质量变动较能拟合我国出口企业实际的出口质量变化。

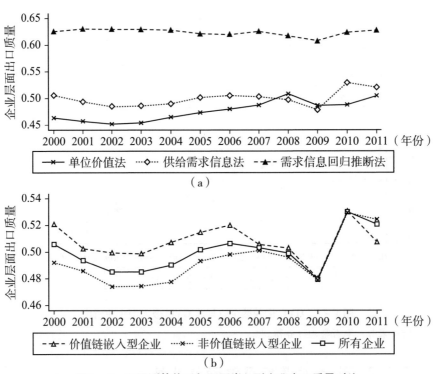

（a）

（b）

图1-2　不同测算体系与不同嵌入型企业出口质量对比

资料来源：笔者整理计算得到。

另一方面，为了解释我国的出口质量变动是否与企业嵌入 GVC 或嵌入 GVC 的程度有关，我们对 GVC 全面嵌入型与 GVC 非全面嵌入型企业的出口质量进行对比，如图 1-2 所示。可以发现，全面嵌入型企业的出口整体要高于非全面嵌入型企业，并且二者间的质量差异经历了扩大—缩小—扩大的过程，本书认为二者间出口质量差异缩小的原因有以下两个方面：第一，受 2007 年底以来的金融危机的冲击，使二者间的差距自 2007 年以来不断被缩小；第二，金融危机的冲击势必会引起出口质量低的企业退出市场，从而低质量企业的数目开始减少，而且低质量企业若想继续生存则不得不考虑去匹配高质量企业的出口产品质量，最后倒逼企业之间的质量差距缩小。但是，伴随着危机的影响逐渐消失，企业间的出口质量差距也将会再次扩大。本书研究发现，2011 年非嵌入企业的出口质量首次高于嵌入企业，这说明我国企业在嵌入 GVC 的过程中确实存在出口质量悖论，并且这种出口质量悖论在金融危机以后便开始出现。

1.1.3 经济已进入新常态，走出"质量洼地"迫在眉睫

质量在大国崛起中扮演着助推作用，而"质量强国"战略已成为当前全社会的重大共识①，也是中国经济高质量发展的应有之意。2011 年 1 月初宣布实施的"质量强国"战略既是我国由制造业大国向制造业强国转变的必然选择，也是国家强大的必由之路。在我国改革开放以及嵌入 GVC 的过程中，该战略的实施已具备条件。基于该背景，本书进一步将样本数据扩展至 2013 年。由于基于供给和需求侧的出口质量只测算到 2011 年，本书也基于需求侧和单位价值法下的出口质量进行考察，并进一步观察中国企业在嵌入 GVC 过程中贯彻"质量强国"战略的效果。图 1 - 3 可以较为直观地从整体上评估该战略对我国经济社会发展的影响。可以发现，在单位价值法和在需求信息回归推断法下的出口质量在 2011 年均经历了攀升，但在 2012 年后攀升趋势较弱甚至出现下滑，这意味着中国"质量强国"战略实施的长期性和艰巨性。同时，根据图 1 - 3 中 GVC 全面嵌入型企业出口质量高于非 GVC 全面嵌入企业的事实，可以认为：如果要推动"质量强国"战略有效实施，就需要企业全面嵌入 GVC，并以此带动质量升级。

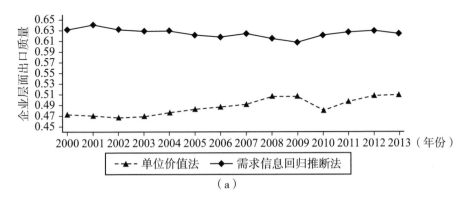

（a）

---

① "质量强国"战略在 2011 年 1 月召开的"全国质检工作会议"上首次明确提出。2011年，在全国两会期间再次聚焦"质量强国"这一热点话题。

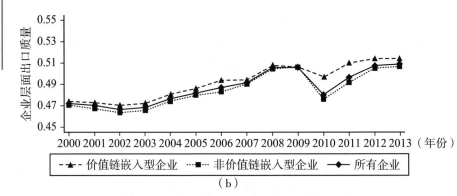

图 1 – 3　2000～2013 年企业层面出口质量变动

资料来源：笔者整理计算得到。

1.2　理论意义与现实意义

我国已经由高速增长阶段转向高质量增长阶段。改革开放以来，中国企业积极参与国际分工，并不断嵌入 GVC。发展中国家企业在嵌入 GVC 过程中，会依次经历工艺流程升级、产品升级、功能升级和链条升级，并可能通过"出口学习"以提升产品质量。然而，国际经验亦表明，发达国家领导企业会通过纵向挤压，形成对发展中国家企业的"低端锁定"。中国企业在嵌入 GVC 过程中，其出口产品质量是否经历显著升级仍存不少争议（殷德生，2011；施炳展等，2013；张杰，2014；刘海洋等，2017；余淼杰等，2017）。中国企业在嵌入 GVC 过程中，如未能呈现出口质量持续提升趋势，则可能存在"GVC 嵌入—出口质量悖论"。鉴于此，本书聚焦于中国制造企业 GVC 嵌入过程中的出口产品质量升级问题，具有较强的理论和现实意义。

1.2.1　理论意义与价值

第一，现有文献对价值链嵌入的衡量多基于投入产出数据，具有如下特点：①对于贸易附加值的研究偏向于国家及行业层面数据。②数据在时间上不具有连续性。③无法提供企业异质性相关研究所需的数据，不能很好地解释现实情形。鉴于此，为了更好解释企业异质性理论在价值链等方面的运用，我们重点研究微观企业层面 GVC 嵌入与出口质量间的关系及其作用机制。

第二，现有文献提出多种测度产品质量的方法，这为本书相关研究奠定了基础。而再次讨论出口质量问题可以为企业的技术进步和出口升级问题提供新的视角。但是，目前就价值链嵌入与出口质量间的关系进行论证的文章相对较少，且缺少从微观企业层面对二者关系进行的研究。因此，本书基于质量内生决定模型构建价值链嵌入与企业出口质量间的关系。这是对微观层面价值链升级中的产品升级研究的一种尝试，能在一定程度上拓展微观层面价值链的研究范围。

1.2.2　现实意义与价值

第一，党的十九大报告特别指出：中国未来在深度参与 GVC 的过程中，需要调整贸易结构，坚持质量第一和效益优先，推动经济发展质量的变革和提升，提高全要素生产率，促进中国产业迈向 GVC 中高端，培育若干世界级先进制造业集群。同时，在 2018 年中央经济工作会议上也提出了要促进贸易平衡，更加注重提升产品附加值和出口质量。本书基于企业层面价值链嵌入视角对出口质量的研究，为企业在参与国际分工的过程中提升出口表现提供一定的参考。

第二，研究价值链嵌入与出口质量间的三大效应调节作用与机制，以及其他影响因素的作用，对厘清中国当前企业嵌入 GVC 的具体现状、作用机制及调节因素，以及应对贸易摩擦等复杂多变的国际环境均具有重要的现实意义。

1.3　文献综述

本书聚焦于企业价值链嵌入和出口质量的关系研究，具体综述将主要围绕这两个关键词分别展开，研究主题拥有较为全面的文献基础。本章第一部分简要介绍了 GVC 升级理论在宏观以及微观层面的运用和相应测算指标；第二部分梳理了出口产品质量研究的相关文献，并对现有文章中对出口质量的测算进行了简单归纳与分析；第三部分，对现有的以价值链的产品升级为主题的相关文献进行总结与评述，为后续继续研究企业层面的价值链的产品升级提供研究基础。

1.3.1 企业层面价值链嵌入理论研究综述

通过对现有文献的整合发现，关于价值链"分工地位"的度量主要有两类方法：一类方法是在库普曼等（Koopman et al.，2012）和王等（Wang et al.，2013）的研究基础之上，运用 WIOD 数据计算得到 1995～2011 年我国行业层面的出口增加值，在出口增加值结构分解（KWW 分解）的基础上测算企业价值链"分工地位"；另一类方法是基于安特拉斯等（Antràs et al.，2012）测算的"价值链位置"度量行业的"分工地位"，并通过上游度或下游度指标[①]来衡量这个"位置"。

与此相应，目前相关学者对 GVC 嵌入水平的测度较为常用的方法主要有两种：第一种方法是基于国家和行业层面对上（下）游度以及价值链长度和基于前向（后向）联系的 GVC 的参与度的测算；第二种方法是基于国家和行业层面对出口国外附加值率（foreign value added rate，FVAR）和出口国内附加值率（domestic value added rate，DVAR）进行衡量。目前，国内外学者对中国进出口产品附加值的研究体现在具体测算的问题上，因此，主要从两个层面对这一问题进行研究。第一层面是从中国进出口总体（国家）和行业两个维度来进行研究，使用的测算方法主要是以胡梅尔斯等（Hummel et al.，2001）提出的"垂直专业化指数"为基础，并对其做必要的改进，以使其更符合现实情况。第二层面是从微观的角度来测算中国企业进出口的附加值，以阿普伍德（Upward，2013）以及金和唐（Kee & Tang，2015）等人的测算方法为代表。鉴于本书主要研究企业层面价值链嵌入问题的需要，该部分着重对第二种方法的第二层面进行归纳。

该层面的研究集中于 FVAR 的测算及其所代表的企业层面价值链嵌入及升级的影响[②]。需要说明的是，企业层面出口附加值率的测度主要集中

---

① 上游度与下游度用于表示产品与最终产品间的加权平均距离。

② 汉弗莱（Humphrey et al.，2012）认为 GVC 升级存在 4 种形式：工艺（过程）升级（提高生产效率）、产品升级（提高出口技术复杂度）和产品质量以生产单位价值更高的产品）、功能升级（从事价值链中高增加值的生产活动）、链条（行业）升级（利用已有优势参与另一高增加值的价值链）。

于两个方面：DVAR（张杰等，2013；阿普伍德等，2013；金和唐，2015；孙学敏，2016；李胜旗等，2017；许和连等，2017）和 FVAR（阿普伍德等，2013；吕越等，2017；李磊，2017）。对 FVAR 的研究可引申为对企业层面价值链升级的研究，而具体关于产品升级的讨论主要集中于对出口技术复杂度（刘维林等，2014）和出口产品质量的考察（刘斌等，2015），但这类研究多局限于行业层面。需要特别说明的是，出口技术复杂度与出口产品质量是刻画出口的不同维度。施炳展等（2013）认为，技术复杂度的提升并不代表质量的提升，反之亦然。比如说法国的葡萄酒和意大利的服装都属于技术复杂度较低的产品，但是却是全球同类型行业产品中的高质量产品，因此，不能简单地将出口技术复杂度的变动等同于出口质量的变动。同时，也有文章分析了企业层面价值链嵌入的技术进步效应（王玉燕等，2014）、生产率效应（吕越等，2017；孙学敏等，2016）和就业效应（吕越等，2018）。而约翰逊（Johnson，2008）通过对出口价值和价格的分解数据估计异质性企业贸易模型时，强调了质量在研究异质性企业理论中的意义（Melitz，2003）。因此，企业间的异质性不仅包括生产率的异质性，还包括产品质量的异质性，已有文献基于企业层面价值链嵌入视角考虑了其对生产率和出口技术复杂度的影响，但鲜有文章基于该视角对出口质量进行考察。

1.3.2　企业层面出口质量理论研究综述

新古典贸易理论之前，国外学者主要是基于"产品同质"假设，从劳动效率和要素禀赋等角度研究贸易发展规律，新贸易理论之后，学者们逐渐关注到了"产品异质"影响国际贸易流向的普遍现象，出口质量问题逐渐成为贸易领域研究的焦点之一，相关理论研究大体可以概括为以下几个方向。

1.3.2.1　出口质量对贸易和经济的影响

林德（Linder，1961）的"重叠贸易理论"开创了产品质量决定贸易方向的研究先河；法马和埃尔普曼（Falm & Helpman，1987）和格罗斯曼和埃尔普曼（Grossman & Helpman，1991）的"质量阶梯"（quality ladder）理论，将不同质量商品引入高收入和低收入国家之间贸易的研究过程，使得学界逐渐对出口贸易领域的研究从"量"转向"质"的关注；胡梅尔斯、克莱诺和菲尔霍根等（Hummel，Klenow，2005；Verhoogen et al.，2008）分别分析了出口质量对经济增长和收入分配产生的宏观效应，格维西（Gervais，2009）、布拉德温和哈里根（Bladwin & Harrigan，2011）、而约翰逊（Johnson，2012）、格勒切尔等（Grozet et al.，2012）和阿拉等（Hallak et al.，2013）在梅里兹（Melitz，2003）构建的新—新贸易理论的基础上，将产品质量异质性放在与企业生产效率异质性同等重要的位置，一并构成当前较为前沿的企业异质性理论，从微观企业出口行为角度探寻出口质量对企业贸易行为决策的影响规律。

1.3.2.2 出口产品质量的科学测量

巴斯托斯等（Bastos et al.，2010）、亚里山德里亚等（Alessandria et al.，2011）、曼诺娃等（Manova et al.，2012）采用产品的出口或进口单价作为产品质量的近似。单价法忽略了企业生产率异质性所导致的差异。奥尔等（Auer et al.，2014）和陈等（Chen et al.，2016）使用特定产品特征法来衡量出口产品质量。特定产品特征法对数据的要求很高，研究方法难以推广。科汉德沃等（Khandelwal et al.，2013）构建了需求信息回归推断法（KSW 法）。KSW 法提供了对产品质量更精确的测算，更富经济学含义，但其忽略了供给因素。芬斯特拉等（Feenstra et al.，2014）将企业质量决策内生化，构建了供给需求信息加总法（FR 方法）。FR 法假设质量与生产率成正比，与成本率成反比。这个强假设又与鲍德温等（Baldwin et al.，2011）的基于供给面的质量内生模型相矛盾，后者假设生产成本与质量成正比。施炳展（2013）、王永进等（2014）、盛丹等（2017）、谢杰等（2018）利用需求信息反推法测算了中国出口产品质量。李坤望等（2014）得出了中国出口产品质量在 2000～2006 年呈上升趋势的结论。余淼杰等（2017）将 FR 法应用于微观数据，其研究显示 2000～2006 年中国出口质量呈上升趋势。

1.3.2.3 出口产品质量升级的机制与路径

处于"质量阶梯"不同阶段的北方和南方国家为各自利益进行的创新和模仿推动了产品质量升级（Grossman et al.，1991）。一国产品出口质量升级受到所处的开放与市场竞争环境影响（Amiti et al.，2013）。最优的政府干预是通过关税和补贴，引导质量升级（Moraga et al.，2005）。反倾销会提高出口价格，激励出口商提高质量，导致政策实施国质量下降（Vandenbussche et al.，2001）。谢建国（2017）却发现美国反倾销抑制了中国出口质量。从需求侧看，出口产品质量随进口国人均收入的提高而提高（Bastos et al.，2010）。从供给侧看，出口产品质量随出口商人力和物质资本的相对要素禀赋的增加而提高（Schott，2004）。贸易通过规模效应和竞争效应刺激研发，研发带来生产率、多样化和质量提升（Lim，2017；Goldfarb et al.，2018）。

1.3.2.4　中国（制造业）出口质量水平测度与发展特征

施炳展（2013）首次测算了中国企业层面出口产品质量，研究发现，由于持续出口企业产品质量升级，中国出口质量总体水平上升，生产低质量产品企业的大量进入是本土企业产品出口质量总体水平下降的原因，本土企业出口产品质量与外资企业差距扩大。张杰、郑文平和翟福昕（2014）通过构建需求结构模型的研究表明，2000～2006年中国出口产品质量总体上表现出轻微下降趋势，但呈"U"型变化态势，私营和外资企业对中国出口产品质量提升产生重要正向贡献。李小平和周记顺等（2015）的研究结果表明，中国出口质量在被考察国家中整体偏低，位于中下游水平，食品与活畜行业、化学品行业和以材料分类的制品业的出口质量呈现上升趋势。余淼杰和张睿（2017）的研究结果显示，中国制造业出口质量水平在2000～2006年间总体上升15%。

1.3.2.5　中国（制造业）出口质量变动原因和提升动力

殷德生、唐海燕和黄腾飞（2011）的研究发现，贸易开放和中间产品进口促进了中国产品质量升级，发展中国家的产品质量升级具有资本品（机器）偏向的特征，发达国家的产品质量升级具有创新（技术）偏向的特征。李坤望、蒋为和宋立刚（2014）利用2000～2006年HS8分位数中国海关统计数据，从市场进入的视角，对中国出口产品的品质演化微观机制进行分析发现，大量低品质出口企业进入出口市场，是造成入世后中国出口产品品质持续下滑的主要原因，新出口企业的进入是出口快速增长的最大推动力。许家云、毛其淋和胡鞍钢（2017）基于2000～2007年中国工业企业微观数据和海关贸易数据的研究结果表明，中间品进口显著促进了企业出口产品质量提升，良好的地区制度环境有利于强化中间品进口的产品质量提升效应，行业出口质量的提高主要得益于集约边际，扩展边际的作用有限，资源再配置效应对行业出口质量提高的贡献高达55%。

1.3.2.6　许多文献研究考察了国内企业出口结构问题

研究出口结构的文献内容主要包括：出口技术复杂度（刘维林等，2014）；出口边际（钱学锋等，2010）；出口价格（杨汝岱等，2013）；出口价格加成率（盛丹等，2012）；出口持续时间（陈勇兵等，2012）和出口产品质量（施炳展，2013；张杰，2014）。产品质量一直是近期国内外新新贸易理论研究的重要问题之一。鉴于此，将围绕产品质量测度和影响产品质量的因素两个方面分别进行文献梳理。

一方面，现有文献对产品质量的测度先后共提出4种代表性测算方法，但均存在一定的不足之处。具体包括：（1）单价法，用产品价格代替（Manova et al.，2012），近似替代较为粗糙。（2）特定产品特征法，对产品特征指标化处理（Chen et al.，2016），这涉及产品层面信息，难以推广。（3）需求信息回归推断法，以科汉德沃等（2013）为代表，该方法在目前较多文章中被大量使用，但具体测算只考虑了需求侧因素。（4）供给需求信息法，以芬斯特拉等（2014）为代表，考虑供给和需求侧的因素，未考虑微观层面，但是，余淼杰等（2017）将此算法推广至企业层面。

另一方面，通过从供给与需求侧因素的梳理来回答企业如何提升质量。具体为从需求或供给侧引入质量，将测算得到的出口质量作为因变量，探讨特定因素对出口质量的影响，具体包括劳动、资本和研发投入因素（Fan，2005；Manova，2009；Bastos，2010），经济因素（Amiti & Khandelwal，2012；施炳展，2015；樊海潮等，2015），社会因素（施炳展等，2013；汪建新，2013）和制度因素（Khandelwal et al.，2013；王雅琦等，2015；马述忠等，2016；Fan et al.，2017；盛丹等，2017；许家云等，2017）等。由此可见，在影响产品质量的诸多因素中仍缺少从GVC嵌入视角单独考察其对出口质量的影响。

1.3.3　文献评述及本书研究内容引入

本书的研究主题涉及两类文献。第一类集中于出口增加值率测算，及其反映的 GVC 嵌入与升级问题。按测算角度不同，其又分为 DVAR（张杰等，2013；Upward et al.，2013；Kee & Tang，2015；孙学敏，2016；李胜旗等，2017；许和连等，2017）和 FVAR（Upward et al.，2013；吕越等，2017；李磊，2017）。FVAR 已被引申至 GVC 嵌入的相关研究，如 GVC 嵌入的生产率效应（吕越等，2017）、技术进步效应（刘维林等，2014）等，但多局限于行业层面。产品技术复杂度的提升体现企业技术进步，但并不必然意味着产品质量改善（施炳展等，2013）。比如法国的葡萄酒和意大利的服装都属于技术复杂度较低的产品，但却是全球同类型行业产品中的高质量产品。纵览历史文献，鲜有文章基于 FVAR 视角考察企业层面 GVC 嵌入的产品质量动态演化。第二类文献如前面所述，集中于出口产品质量测算，以及供给与需求侧的产品质量影响因素梳理，以分析企业如何提升产品质量的问题。这是近期国内外新新贸易理论研究的重要问题之一。

从上述学术史梳理来看，已有文献对人们深入认识出口质量水平测度、出口质量对宏观经济的影响、中国（制造业）出口质量发展特征和动力分解等问题有较大贡献。但是现有研究仍存在着出口质量水平测度方法不完善，具体行业和细分产品的出口质量变动研究较为单薄，针对中国（制造业）出口质量升级的影响因素、机制和动力研究不深等问题。未来对出口质量相关问题的研究动态预计将有如下转变趋势：（1）在出口质量测度上将从单方面考虑需求因素或供给因素向综合考虑需求与供给双方面因素转变，单方面因素角度对出口质量测度会带来出口质量规范性测度的争议，综合因素角度有利于科学衡量出口质量并减小理论上的争论。（2）在研究对象上将从宏观向微观转变，即以产品质量异质性和效率异质性为切入点，选择具体行业或某类企业的出口质量为对象，对出口质量变动进行规律性研究并给出细分行业或企业精准对策，将成为今后突破传统对国家总体层面出口质量研究的一个重要转变方向。（3）在实证研究方法上将从单一定量研究向综合定量研究转变，虽然当前不少研究采用定量方法对出口质量的影响因素和升级机制进行分析，但研究方法相对单一，今后采用综合性定量研究方法将是发展方向。（4）在时间节点上将从党的十九大报告前向党的十九大报告后转变，发展更重质量的经济，寻求更有质量的增长是党的十九大后经济建设的明显追求，"更加注重升级出口质量和附加值"、建设贸易强国将成为新的研究空间。

现有文献对于 GVC 升级与出口质量这两个关键词的研究具有以下两方面特点：一方面，对 GVC 产品升级的考察多集中于国家或行业层面（刘维林等，2014；李惠娟等，2017），并且多局限于对出口技术复杂度的考察，缺少从出口质量角度进行切入。虽然刘斌等（2015）以出口质量指标考察了 GVC 产品升级，但是其研究层面仅局限于对行业层面的考察。另一方面，对出口产品质量的研究在具体测算过程中，出于数据的可获得性和测算的可实践性，大量文章仅采用单价法或需求信息回归推断法进行替代，这造成对出口质量的测算不能反映我国出口质量的真实情形，这类情况将在后面的比较中得以体现。

改革开放以来，中国企业积极参与国际分工，并不断嵌入 GVC。发展中国家企业在嵌入 GVC 过程中，会依次经历工艺流程升级、产品升级、功能升级和链条升级，并可能通过"出口学习"以提升产品质量。然而，国际经验也表明，发达国家领导企业会通过纵向挤压，形成对发展中国家企业的"低端锁定"。中国企业在嵌入 GVC 过程中，其出口产品质量是否经历显著升级仍存不少争议（殷德生，2011；施炳展等，2013；张杰，2014；刘海洋等，2017；余淼杰等，2017）。中国企业在嵌入 GVC 过程中，如未能呈现出口质量持续提升趋势，则可能存在"GVC 嵌入—出口质量悖论"。鉴于此，本书聚焦于中国制造企业 GVC 嵌入过程中的出口产品质量升级问题。

本书采用 3 种方法分别测算企业出口质量。首先，本书借鉴芬斯特拉等（2014）的从供给和需求侧测算国家行业层面出口质量基本思想，并结合余淼杰等（2017）采用该方法测算微观企业出口的具体步骤，将该测算方法运用于本书。其次，为了进行比较，本书也分别采用了需求信息回归推断法和单位价值法。对于 KSW2013 方法的使用，本书沿用了樊海潮和郭光远（2015）的思路，利用企业产品数量和价格等需求侧的信息来测算企业出口质量，并对出口质量进行价格调整，而本书的单位价值法就是用出口单价近似替代出口质量。最后，借鉴许家云等（2017）和马述忠等（2017）将 3 种产品质量的测算由产品层面外推至企业层面的做法，将产品质量标准化为企业层面出口质量，使该指标可跨时、跨企业比较。

1.4 研究方法、研究内容与可能的创新点

1.4.1 研究方法

1.4.1.1 文献研究与归纳分析法

本书将围绕 GVC 嵌入测算及其升级方式、出口质量及其影响因素和
GVC 嵌入对于出口质量的影响等角度进行文献梳理,通过对相应文献核心
观点与结论的分析与引用整合出本书研究的主体框架。

1.4.1.2 理论与实证分析

本书首先构建了异质性企业质量内生决定模型,从供给与需求测出发
构建 GVC 嵌入与出口质量间的关系,进一步分析中间品效应、竞争效应与
大市场效应的调节作用与调节机制。并以此为基础,构建相应的指标以及参
考现有文献研究选取适宜的控制变量,基于工企与海关数据、联合国统计局
等数据测算指标,利用计量模型对理论部分的分析加以进一步的考察。

1.4.1.3 比较分析与规范分析

采用以企业分类为横向、时间分类为纵向的对比分析方法来剖析各情
形下企业 GVC 嵌入与出口质量间的关系,基于企业嵌入 GVC 类型、贸易
方式、出口方式以及所处地区和空间的差异等进行有针对性的研究与分
析。通过匹配整合后的年份—省份—行业—企业层面数据进行相应的回归
分析,以 GVC 嵌入视角研究中国式出口质量问题,并对相应的实证结果
加以分析,故具有较强的理论与实际意义。

1.4.2 研究内容与技术路线

1.4.2.1 研究内容

具体而言,本书的研究内容与结构安排如下。第 1 章:绪论。本章通

过研究背景的引入，提出本书研究的理论与现实意义，并进一步借助文献综述、研究方法、内容和技术路线图加以证明，最后对本书研究中可能存在的创新点与不足加以阐释。第 2 章：体现 GVC 嵌入影响的企业出口产品质量决定模型。整合由企业价值链嵌入到企业出口质量的理论研究，本章构建体现 GVC 嵌入影响的企业出口产品质量决定方程，并基于企业价值链嵌入与生产率之间的作用机制，依次引入中间品效应、竞争效应与大市场效应。本章亦为后续章节的实证研究提供学理支撑。第 3 章：企业嵌入 GVC 的质量动态分析。本章将基于时间与空间两个维度，对中国企业整体嵌入 GVC 的发展现状及分布特点以及不同测算体系下的出口质量加以梳理，借助数据与统计分析方法与图表的解析来揭示中国企业 GVC 嵌入与出口质量现状。第 4 章：企业 GVC 嵌入对产品质量影响的结构模型分析。首先对工企和海关等匹配数据进行清洗与筛选，其次估计企业层面 GVC 指标，再估计企业出口产品质量，最后进行基准回归模型的设定与分析。第 5 章：价值链嵌入与出口产品质量非线性关系及其影响机制研究。首先验证价值链嵌入与出口产品质量间非线性倒 "U" 型关系，其次分析价值链嵌入对出口产品质量的影响机制，最后分析价值链嵌入对出口产品质量的影响因素。第 6 章：企业 GVC 嵌入对产品质量影响的稳健性检验。为验证基准回归是否稳健，进行了出口质量的其他衡量、企业价值链嵌入指标的其他衡量、2SLS、多期 DID、扩展样本期等一系列稳健性检验。第 7 章：企业 GVC 嵌入对产品质量影响的异质性分析。分别从企业 GVC 嵌入类型、所有制、贸易方式和地区差异等角度进行了异质性分析。第 8 章：外部收入冲击、质量差异与出口之间的因果关系研究。基于需求信息反推思想的 KSW 方法，测算了中国产品层面的出口质量。然后从产品质量这一新切入点出发，基于金融危机这一自然实验框架，采用双重差分法检验了外部收入冲击对产品出口的异质性影响。第 9 章：结论与政策启示。本章对本书的核心研究对象及其相应研究结论进行了总结，并结合本章的核心结论与主要发现就我国当前的 GVC 嵌入现状提出一些政策性建议。

1.4.2.2　技术路线图

技术路线见图 1 – 4。

研究方法　　　　　　　技术路径　　　　　　研究思路

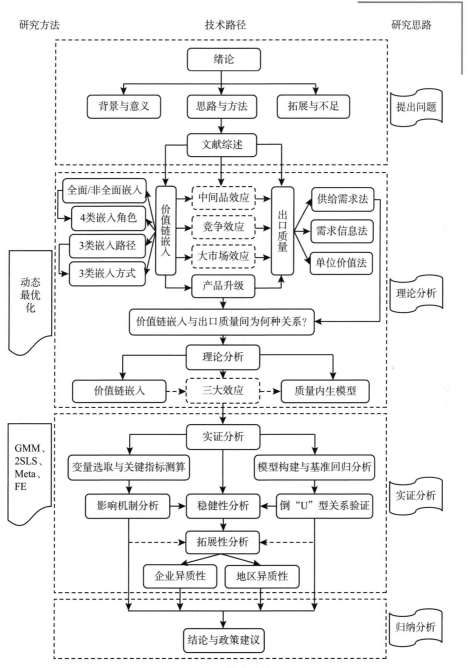

图 1-4　技术路线

1.4.3　可能的拓展点与不足

1.4.3.1　可能的拓展点

拓展主要体现在以下五个方面：第一，理论框架拓展。从供给、需求双侧构建体现 GVC 嵌入影响的企业出口产品质量决定方程，为基于结构模型的实证分析提供理论基础。第二，研究维度拓展。从质量维度这一新切入点出发，应用双重差分法分析外部收入冲击、质量差异与出口变动之间的因果关系。第三，研究视角拓展。将企业层面 GVC 嵌入讨论拓展至对企业层面出口产品质量影响的考察。第四，研究范围拓展。余淼杰等（2017）从供给与需求侧测算中国企业层面的出口质量，但是其研究范围仅局限于对一般贸易企业研究，本书在此基础上将研究范围进一步拓展至加工贸易与混合贸易企业。第五，研究时间拓展。通过会计等式对缺失工企数据进行补充，对研究主题涉及指标的测算年限在原有基础上进一步扩充至 2013 年。囿于供给和需求侧法测算出口产品质量所需的数据质量限制，本书基线分析部分使用的样本期为 2000 ~ 2011 年，稳健性分析部分将扩展至 2013 年。

1.4.3.2　研究的不足之处

对企业或产品层面出口质量效应的研究一直是国际贸易学中的热点问题，然而现阶段对该问题在价值链嵌入视角下的讨论仍不够深入，具体表现为目前研究多集中于行业层面的探讨，且对于该问题的研究无论是总量还是研究层面仍有较大的空间，而本书可以一定程度上为今后企业层面价值链的质量效应研究提供支持，以进一步拓展异质性视角下企业层面的价值链研究的基本框架。同时，囿于本书的数据年限只能直观解释 2000 ~ 2011 年的整体特征，但对当前新问题的解释略显不足，且对控制变量指标的测算和选择仍需改进，比如对融资约束和企业创新等指标的衡量均不属于当前最前沿的测算。随着微观数据的公开范围逐步扩大，后续可以利用最全面和科学的企业层面数据对企业层面的价值链进行更深入和科学的分析。

第 2 章　体现 GVC 嵌入影响的企业出口产品质量决定模型

2.1　质量内生决定模型构建

2.1.1　模型基本假设

基于企业价值链嵌入与生产率以及生产率与出口质量间的内在机理，在理论模型部分，本书在梅里兹（2003）模型的基础上将价值链嵌入、企业要素密集度指标引入阿拉和西瓦达桑（Hallak & Sivadasan，2009）质量内生决定模型，模型的具体构建从产品的需求和供给两个层面考虑。

2.1.1.1　需求侧方程

从产品需求侧角度出发，模型设定 c 国在 t 时期消费 g 产品的效用函数为 CES 效用函数：

$$U_{gct} = \left[\sum_{c=1}^{N_{gt}} (\lambda_{fgct} q_{fgct})^{\frac{\sigma-1}{\sigma}} \right]^{\frac{\sigma}{\sigma-1}} \qquad (2-1)$$

其中，λ_{fgct}、q_{fgct} 分别为 f 企业 t 时期出口到 c 国的 g 产品的质量和数量，N_{gt} 为 t 时期出口到 c 国的 g 产品的企业总数，σ 为产品的替代弹性。效用函数对应的价格指数为：

$$P_{gct} = \sum_{f=1}^{N_{gt}} (p_{fgct})^{1-\sigma} (\lambda_{fgct})^{\sigma-1} \qquad (2-2)$$

则在 c 国对企业 f 生产的 g 产品的需求量为：

$$q_{fgct} = (p_{fgct})^{-\sigma} (\lambda_{fgct})^{\sigma-1} (E_{gct}/P_{gct}) \qquad (2-3)$$

其中，E_{gct} 为 c 国 t 时期在 g 产品的总支出。

2.1.1.2 供给侧方程

从供给侧角度假定企业的可变成本为：

$$MC(\lambda_{fgct}, \omega_{ft}) = (c/\omega_{ft})(\lambda_{fgct})^{\beta} \qquad (2-4)$$

其中，ω_{ft} 为 f 企业在 t 时期的生产率。

固定成本为：

$$F(\lambda_{fgct}, \delta_{ft}) = F_0 + (\rho/\delta_{ft})(\lambda_{fgct})^{\alpha} \qquad (2-5)$$

其中，δ_{ft} 为 f 企业在 t 时期的固定投入效率，α、$\beta > 0$ 为质量弹性，c、ρ、F_0 为正常数。

将式（2-3）中的需求函数和式（2-4）的成本函数联立求解可得企业利润最大化时一般均衡点 λ_{fgct}，得到 f 企业在 t 时期出口到 c 国的 g 产品的产品质量决定方程：

$$\lambda_{fgct}(\omega_{ft}, \delta_{ft}) = \left[\frac{1-\beta}{\alpha} \left(\frac{\sigma-1}{\sigma} \right) \left(\frac{\omega_{ft}}{c} \right)^{\sigma-1} \frac{\delta_{ft}}{\rho} \frac{E_{fgct}}{P_{fgct}} \right]^{\frac{1}{\alpha'}} \qquad (2-6)$$

2.1.2 异质性企业质量内生决定模型的拓展

基于需求侧与供给侧的基本假设，在将 GVC 嵌入指标引入供给侧方程之前，本书接下来讨论企业的 GVC 嵌入将如何影响企业的生产率（ω_{ft}）变动。

由于企业生产率 ω_{ft} 是除资产和劳动力等投入要素外其他所有影响产出的因素。整合吕越等（2017）和孙学敏等（2016）文献观点，本书认为企业在参与 GVC 的过程中将通过大市场效应、中间品效应和竞争效应等渠道影响企业生产率，而生产率与企业出口质量的关系也已经被广泛论证（樊海潮等，2015），如刘维林等（2014）和李惠娟等（2017）先后基于"成本发现"模型探讨行业层面的 GVC 嵌入与出口技术复杂度的关系，发现企业通过参与 GVC 可以产生成本降低效应，进而从供给侧提升企业的生产率。鉴于此，本书对上述供给侧成本函数进行拓展，具体为从供给侧引入 GVC，为后面研究 GVC 与出口质量的关系进行铺垫。

在引入 GVC 之前，我们通过对于 GVC 与企业生产率的相关文献进行后梳理发现，企业参与 GVC 可以通过三种作用机制影响企业生产率。这三种机制对应的效应分别为：中间品效应（Amiti & Konings，2007；Kelly，2004）、大市场效应（Baldwin & Yan，2014）、竞争效应（Chiarvesio et al.，2010）。本书借鉴吕越等（2017）分析上述三种效应的方法，通过引入传统柯布—道格拉斯生产函数扩展形式：

$$y_f = \omega_{nf} \times (\omega_{kf}k_f)^{\alpha} \times (\omega_{lf}l_f)^{1-\alpha} \qquad (2-7)$$

其中，y_f、k_f 和 l_f 分别为企业产出、资本和劳动，α 为企业资产密集度，ω_{nf}、ω_{kf}、ω_{lf} 分别代表希克斯中性生产效率、资本增进型生产效率和劳动力增加型生产效率。更进一步，将全要素生产率定义为：

$$\omega_f = \omega_{nf} \times \omega_{kf}^{\alpha} \times \omega_{lf}^{1-\alpha} \qquad (2-8)$$

式（2-8）说明任何因素对企业生产率的影响必将通过上面三种途径。更进一步，本书基于吕越等（2017）方法做出以下假定：

$$\omega_{nf} = \vartheta_n(GVC_f) \times \emptyset_n(X_f) \times \overline{\omega_n} \qquad (2-8-1)$$

$$\omega_{kf} = \vartheta_k(GVC_f) \times \emptyset_k(X_f) \times \overline{\omega_k} \qquad (2-8-2)$$

$$\omega_{lf} = \vartheta_l(GVC_f) \times \emptyset_l(X_f) \times \overline{\omega_l} \qquad (2-8-3)$$

其中，ω_{nf}、ω_{kf} 和 ω_{lf} 分别表示企业的 GVC 嵌入对于上述三种效率的作用机制。如果 GVC 通过 Z（等于 n、k 或 l）型效率提升企业生产率，那么：

$$d\vartheta_Z/dGVC_f > 0 \qquad (2-8-4)$$

反之，

$$d\vartheta_Z/dGVC_f < 0 \qquad (2-8-5)$$

式（2-8-5）中 $\emptyset_Z(X_f)$ 体现了其他异质性因素（X_f）。对于上述三种生产率的影响，$\overline{\omega_C}$ 为常数，表示企业在 $GVC_f = 0$ 或 $X_f = 0$ 时的 Z 型生产效率。那么，生产率函数可以进一步拓展为：

$$\omega_f = \vartheta_n(GVC_f) \times \emptyset_n(X_f) \times \overline{\omega_n} \times [\vartheta_k(GVC_f) \times \emptyset_k(X_f) \times \overline{\omega_k}]^{\alpha}$$
$$\times [\vartheta_l(GVC_f) \times \emptyset_l(X_f) \times \overline{\omega_l}]^{1-\alpha}$$
$$= \vartheta(GVC_f) \times \emptyset(X_f) \times \omega \qquad (2-9)$$

其中，

$$\vartheta(GVC_f) = \vartheta_n(GVC_f)[\vartheta_k(GVC_f)]^{\alpha}[\vartheta_l(GVC_f)]^{1-\alpha} \qquad (2-9-1)$$

$$\emptyset(X_f) = \emptyset_n(X_f) \times [\emptyset_k(X_f)]^{\alpha} \times [\emptyset_l(X_f)]^{1-\alpha} \qquad (2-9-2)$$

$$\omega = \overline{\omega_n} \times \overline{\omega_k}^{\alpha} \times \overline{\omega_l}^{1-\alpha} \qquad (2-9-3)$$

为了对上述等式进行进一步简化，参考吕越等（2017）的处理方式假定：

$$\vartheta_Z(GVC_f) = e^{\beta_Z GVC_f} \qquad (2-9-4)$$

由此得到：

$$\vartheta(GVC_f) = e^{[\beta_n + \alpha\beta_k + (1-\alpha)\beta_1]GVC_f} \qquad (2-9-5)$$

显然，当且仅当 $GVC_f = 0$ 时，$\vartheta(GVC_f) = 1$，而 $d\vartheta/dGVC = \vartheta(GVC_f) \times [\beta_n + \alpha\beta_k + (1-\alpha)\beta_1]$，其具体符号将取决于 $\beta_n + \alpha\beta_k + (1-\alpha)\beta_1$。将全要素生产率方程两边取对数可以得到如下模型：

$$\ln\omega_f = \ln\omega + [\beta_n + \alpha\beta_k + (1-\alpha)\beta_1]GVC_f + \ln[\emptyset(X_f)] \qquad (2-10)$$

由此得到关于 GVC 与生产率之间的表达式，在给定 y、k、l 的基础上将式（2-10）进一步转化为：

$$\ln\omega_{ft} = \beta_0 + \beta_1 GVC_{ft} + \beta_2\ln(k_{ft}/l_{ft}) + \beta_3 X_{ft} \qquad (2-10-1)$$

也即：

$$\omega_{ft} = e^{\beta_0 + \beta_1 GVC_{ft} + \beta_2\ln(k_{ft}/l_{ft}) + \beta_3 X_{ft}} \qquad (2-10-2)$$

2.2 价值链嵌入指标的引入

在上述基本理论分析的基础之上，本书进一步在模型中引入 GVC 嵌入指标。企业出口质量在本书的模型下面临式（2-4）和式（2-5）这两种成本，分别代表企业边际成本和固定成本的异质性。基于前面的推导，对于边际成本可以进一步表示为：

$$\begin{aligned} MC(\lambda_{fgct}, \omega_{ft}) &= (c/\omega_{ft})(\lambda_{fgct})^\beta \\ &= (c/e^{\beta_0 + \beta_1 GVC_{ft} + \beta_2\ln(k_{ft}/l_{ft}) + \beta_3 X_{ft}})(\lambda_{fgct})^\beta \qquad (2-10-3) \end{aligned}$$

式（2-6）是由式（2-3）中的需求函数和式（2-4）的成本函数联立求解可得企业利润最大化时一般均衡点 λ_{fgct}，进一步联立式（2-6）和式（2-10-2）得到 f 企业在 t 时期出口到 c 国的 g 产品的产品质量决定方程：

$$\lambda_{fgct}(\omega_{ft}, \delta_{ft}) = \left[\frac{1-\beta}{\alpha}\left(\frac{\sigma-1}{\sigma}\right)\left(\frac{e^{\beta_0 + \beta_1 GVC_{ft} + \beta_2\ln(k_{ft}/l_{ft}) + \beta_3 X_{ft}}}{c}\right)^{\sigma-1}\frac{\delta_{ft}}{\rho}\frac{E_{fgct}}{P_{fgct}}\right]^{\frac{1}{\alpha'}} \qquad (2-11)$$

其中，$\alpha' = \alpha - (1-\beta)(\sigma-1) > 0$，$0 < \beta < 1$，$\alpha > \alpha'$。对式（2-11）两边取对数可得：

$$\begin{aligned} \ln\lambda_{fgct} &= \eta + \frac{1}{\alpha'}\ln\rho + \frac{\sigma-1}{\alpha'}\ln\omega_{ft} + \frac{1}{\alpha'}\ln\delta_{ft} + \frac{1}{\alpha'}\ln\frac{E_{fgct}}{P_{fgct}} \\ &= \eta + \frac{1}{\alpha'}\ln\rho + \frac{\sigma-1}{\alpha'}[\beta_0 + \beta_1 GVC_{ft} + \beta_2\ln(k_{ft}/l_{ft}) + \beta_3 X_{ft}] \\ &\quad + \frac{1}{\alpha'}\ln\delta_{ft} + \frac{1}{\alpha'}\ln\frac{E_{fgct}}{P_{fgct}} \qquad (2-12) \end{aligned}$$

其中，$\eta = \frac{1}{\alpha'}\ln\frac{1-\beta}{\alpha}\left(\frac{\sigma-1}{\sigma}\right) - \frac{\sigma-1}{\alpha'}\ln c$。以 f 企业出口到 c 国的 g 产品价值量与企业总出口产品价值量的比值 φ_{fgct} 作为权重，将产品层面的出口产品质量加总，定义得到 f 企业在 t 时期企业层面的出口质量决定方程：

$$
\begin{aligned}
quality_{ft} &= \sum_{g=1}^{N_g}\sum_{c=1}^{N_c}\varphi_{fgct}\ln\lambda_{fgct} = \eta + \frac{1}{\alpha'}\ln\rho + \frac{\sigma-1}{\alpha'}\ln\omega_{ft} + \frac{1}{\alpha'}\ln\delta_{ft} + \psi_{ft} \\
&= \eta + \frac{1}{\alpha'}\ln\rho + \frac{\sigma-1}{\alpha'}\beta_0 + \beta_1 GVC_{ft} + \beta_2\ln(k_{ft}/l_{ft}) + \beta_3 X_{ft} + \frac{1}{\alpha'}\ln\delta_{ft} + \psi_{ft} \\
&= \eta + \frac{1}{\alpha'}\ln\rho + \frac{\sigma-1}{\alpha'}\beta_0 + \beta_1 GVC_{ft} + \beta_2\ln(k_{ft}/l_{ft}) + \frac{1}{\alpha'}\ln\delta_{ft} + C_{ft}
\end{aligned}
$$

$$(2-13-1)$$

其中，

$$
C_{ft} = X_{ft} + \psi_{ft} = X_{ft} + \frac{1}{\alpha'}\sum_{g=1}^{N_g}\sum_{c=1}^{N_c}\varphi_{fgct}\ln(E_{fgct}/P_{fgct}) \qquad (2-13-2)
$$

C_{ft} 为 f 企业 t 时期所面临的其他企业因素和市场因素。由式（2-13-1）通过对企业生产率的替换可知，企业出口质量在本书的模型下将主要由 GVC 嵌入度 GVC_{ft}、人均资本存量 $kldensity_{ft}$（k_{ft}/l_{ft}）和固定投入效率 δ_{ft} 决定，并分别表示企业边际成本和固定成本的异质性。但是，对于进出口全面参与型制造业企业而言，生产率和质量的异质性均需要考察，而中间品是企业主要的投入因素，进口中间品的选择所带来的国外增加值率的变化作为企业固定投入效率的表现，基于此，根据异质性企业理论，我们将重点讨论价值链嵌入的质量效应。

2.3　价值链嵌入对出口质量的影响

为了进一步研究价值链嵌入如何影响企业出口质量，以及二者间是否存在非线性关系，具体为企业在嵌入 GVC 的过程中是否存在"拐点"。本书基于式（2-13-1）对价值链嵌入指标 GVC 求导可得：

$$
\frac{\partial\lambda_{fgct}(\omega_{ft},\delta_{ft})}{\partial GVC_{ft}} = \frac{\partial quality_{ft}}{\partial GVC_{ft}} = \beta_1 \qquad (2-14)
$$

上式表明，GVC 嵌入与出口质量间的关系主要取决于固定投入效率

β_1 的系数。若 $\beta_1 > 0$，则 GVC 嵌入将促进出口质量升级，反之，若 $\beta_1 < 0$，则抑制出口质量升级。

为了进一步探究上述关系是否为非线性，此处进行二阶求导，本书基于式（2-14）对价值链嵌入指标 GVC 求导可得：

$$\frac{\partial^2 \lambda_{fgct}(\omega_{ft}, \delta_{ft})}{\partial \omega_{ft} \partial GVC_{ft}} = \frac{\partial \lambda_{fgct}(\omega_{ft}, \delta_{ft})}{\partial \omega_{ft}(GVC_{ft}, k_{ft}/l_{ft})} \frac{\partial \omega_{ft}(GVC_{ft}, k_{ft}/l_{ft})}{\partial GVC_{ft}}$$

$$= \frac{1}{\alpha'} \left[\frac{1-\beta}{\alpha} \left(\frac{\sigma-1}{\sigma} \right) \left(\frac{\omega_{ft}}{c} \right)^{\sigma-1} \frac{\delta_{ft}}{\rho} \frac{E_{fgct}}{P_{fgct}} \right]^{\frac{1}{\alpha'}-1}$$

$$\frac{1-\beta}{\alpha} \frac{\sigma-1}{\sigma} \left(\frac{\omega_{ft}}{c} \right)^{\sigma-1} \frac{\delta_{ft}}{\rho} \frac{E_{fgct}}{P_{fgct}} (\sigma-1) \left(\frac{1}{c} \right)^{\sigma-1} \omega_{ft}^{\sigma-2} \frac{\partial \omega_{ft}}{\partial GVC_{ft}}$$

$$= \frac{1}{\lambda_{fgct}(\omega_{ft}, \delta_{ft})^{-1} \alpha'} \frac{1-\beta}{\alpha} \frac{\sigma-1}{\sigma} \left(\frac{\omega_{ft}}{c} \right)^{\sigma-1} \frac{\delta_{ft}}{\rho}$$

$$\frac{E_{fgct}}{P_{fgct}} (\sigma-1) \left(\frac{1}{c} \right)^{\sigma-1} \omega_{ft}^{\sigma-1} \beta_1 \qquad (2-15)$$

由前面分析已知：$\alpha' = \alpha - (1-\beta)(\sigma-1) > 0$，$0 < \beta < 1$，$0 < \alpha < 1$，$\alpha > \alpha'$，$\delta_{ft} > 0$，$\omega_{ft} > 0$，$5 < \sigma < 10$，$E_{fgct}/P_{fgct} > 0$，$c$、$\rho$ 均为正常数。那么有：

$$\frac{1}{\alpha'} \lambda_{fgct}(\omega_{ft}, \delta_{ft})^{-1} > 0; \frac{1-\beta}{\alpha} \frac{\sigma-1}{\sigma} \left(\frac{\omega_{ft}}{c} \right)^{\sigma-1} \frac{1}{\rho} \frac{E_{fgct}}{P_{fgct}} (\sigma-1) \left(\frac{1}{c} \right)^{\sigma-1} > 0; \omega_{ft}^{\sigma-1} > 0$$

$$(2-16)$$

式（2-16）表明，GVC 嵌入与出口质量间的非线性关系主要取决于固定投入效率 δ_{ft} 的系数。若 $\delta_{ft} > 0$，则 $\partial^2 \lambda_{fgct}(\omega_{ft}, \delta_{ft})/\partial \omega_{ft} \partial GVC_{ft} > 0$。那么，GVC 嵌入与出口质量间为"U"型关系，反之，若 $\delta_{ft} < 0$，则 $\partial^2 \lambda_{fgct}(\omega_{ft}, \delta_{ft})/\partial \omega_{ft} \partial GVC_{ft} < 0$，那么，GVC 嵌入与出口质量间为倒"U"型关系。

根据上述分析，本书提出以下假设：

假设1：企业嵌入 GVC 将有利于企业出口质量的升级，而提升制造业企业嵌入 GVC 的广度与深度将成为提升我国出口质量和推动经济高质量发展的重要选择路径。

假设2：价值链嵌入与出口质量间存在倒"U"型关系，且当前我国企业尚处于质量提升区间，具体表现为企业嵌入 GVC 的行为有利于出口质量的持续升级。但是出口质量提升不是永续的，一旦突破这一阈值，质量提升将转为质量抑制。

2.4　中间品效应、竞争效应与大市场效应的机制研究

2.4.1　中间品效应、竞争效应与大市场效应的引入

已有研究成果表明企业在嵌入 GVC 的过程中将通过中间品效应、竞争效应与大市场效应影响企业生产率（吕越等，2017），并影响企业出口质量。本书接下来引入效应参数 ϑ_{path}（$\vartheta_{path} > 0$），用于刻画中间品效应、竞争效应与大市场效应如何通过影响企业 GVC 嵌入并最终影响出口质量。那么将式（2-6）分别与式（2-8-1）、式（2-8-2）和式（2-8-3）联立可得：

$$\lambda_{fgct}(\omega_{nft},\ \delta_{ft}) = \left[\frac{1-\beta}{\alpha}\left(\frac{\sigma-1}{\sigma}\right)\left(\frac{\vartheta_n(GVC_{ft})\emptyset_n(X_{ft})\overline{\omega_n}}{c}\right)^{\sigma-1}\frac{\delta_{ft}}{\rho}\frac{E_{fgct}}{P_{fgct}}\right]^{\frac{1}{\alpha'}}$$

$$(2-17-1)$$

$$\lambda_{fgct}(\omega_{kft},\ \delta_{ft}) = \left[\frac{1-\beta}{\alpha}\left(\frac{\sigma-1}{\sigma}\right)\left(\frac{\vartheta_k(GVC_{ft})\emptyset_k(X_f)\overline{\omega_k}}{c}\right)^{\sigma-1}\frac{\delta_{ft}}{\rho}\frac{E_{fgct}}{P_{fgct}}\right]^{\frac{1}{\alpha'}}$$

$$(2-17-2)$$

$$\lambda_{fgct}(\omega_{lft},\ \delta_{ft}) = \left[\frac{1-\beta}{\alpha}\left(\frac{\sigma-1}{\sigma}\right)\left(\frac{\vartheta_l(GVC_{ft})\emptyset_l(X_f)\overline{\omega_l}}{c}\right)^{\sigma-1}\frac{\delta_{ft}}{\rho}\frac{E_{fgct}}{P_{fgct}}\right]^{\frac{1}{\alpha'}}$$

$$(2-17-3)$$

上述各式表示企业在嵌入 GVC 的过程中将通过上述 3 种效率途径作用于企业生产率，并影响企业出口质量。而希克斯中性生产效率、资本增进型生产效率和劳动力增加型生产效率在本书中将分别对应于中间品效应、竞争效应与大市场效应。因此，可以进一步假设在三大效应机制的调节下，企业深入 GVC 嵌入将会对出口质量产生提升作用。

2.4.2　中间品效应、竞争效应与大市场效应的调节效应研究

为了更加细致地梳理中间品效应、竞争效应与大市场效应在 GVC 嵌

入与出口质量间的调节作用，接下来确定三大效应分别与 GVC 嵌入与出口质量的关系。

出于对问题的简化考虑，对式（2-17-1）、式（2-17-2）和式（2-17-3）分别求偏导，得到结果如下：

$$\frac{\partial \lambda_{fgct}(\omega_{nft}, \delta_{ft})}{\partial GVC_{ft}} = Z_Z \times \frac{\partial \omega_{nft}}{\partial GVC_{ft}} = Z_Z \times \frac{d\vartheta_Z}{dGVC_{ft}} \times \emptyset_n(X_{ft}) \times \overline{\omega_n}$$

$$(2-18-1)$$

$$\frac{\partial \lambda_{fgct}(\omega_{nft}, \delta_{ft})}{\partial GVC_{ft}} = Z_Z \times \frac{\partial \omega_{nft}}{\partial GVC_{ft}} = Z_Z \times \frac{d\vartheta_Z}{dGVC_{ft}} \times \emptyset_k(X_{ft}) \times \overline{\omega_k}$$

$$(2-18-2)$$

$$\frac{\partial \lambda_{fgct}(\omega_{nft}, \delta_{ft})}{\partial GVC_{ft}} = Z_Z \times \frac{\partial \omega_{nft}}{\partial GVC_{ft}} = Z_Z \times \frac{d\vartheta_Z}{dGVC_{ft}} \times \emptyset_l(X_{ft}) \times \overline{\omega_l}$$

$$(2-18-3)$$

$$Z_Z = \frac{1}{\lambda_{fgct}(\omega_{Zft}, \delta_{ft})^{-1}\alpha'} \times \frac{1-\beta}{\alpha}\frac{\sigma-1}{\sigma}\left(\frac{\omega_{Zft}}{c}\right)^{\sigma-1}\frac{1}{\rho}\frac{E_{fgct}}{P_{fgct}}(\sigma-1)\left(\frac{1}{c}\right)^{\sigma-1} > 0$$

$$(2-18-4)$$

其中，$\emptyset_Z(X_{ft})$ 代表其他企业或行业层面异质性因素，Z 为 n、k 和 l。鉴于此处只考虑中间品效应、竞争效应与大市场效应的作用机制，在此进一步设定其他因素为常数函数，且 $\emptyset_Z(X_{ft}) > 0$。那么，式（2-15-1）、式（2-15-2）和式（2-15-3）的符号将主要取决于 $d\vartheta_Z/dGVC_{ft}$ 的符号。借鉴已有文献关于 GVC 通过 Z 型效率提升企业生产率的结论（吕越等，2017），本书认为 $d\vartheta_Z/dGVC_{ft} > 0$。那么可得：

$$\frac{\partial \lambda_{fgct}(\omega_{nft}, \delta_{ft})}{\partial GVC_{ft}} > 0; \quad \frac{\partial \lambda_{fgct}(\omega_{nft}, \delta_{ft})}{\partial GVC_{ft}} > 0; \quad \frac{\partial \lambda_{fgct}(\omega_{nft}, \delta_{ft})}{\partial GVC_{ft}} > 0 \quad (2-19)$$

结果表明中间品效应、竞争效应与大市场效应在 GVC 嵌入与出口质量间调节作用确实存在。且式（2-18-1）、式（2-18-2）和式（2-18-3）分别代表中间品效应、竞争效应与大市场效应。

综合上述机制分析，本书进一步得出以下假设：

假设 3：在企业嵌入 GVC 的过程中，中间品效应、竞争效应与大市场效应均会在 GVC 嵌入对出口质量的影响中起到正向调节的作用，并且企业嵌入 GVC 主要通过这三类效应发生直接调节作用。

假设 4：其他企业或行业层面异质性因素同样会对企业嵌入 GVC 过程

中的出口质量产生影响,并且产生间接影响作用,而企业在重视三大效应机制的同时,不可忽视其他因素的影响与调节作用。

假设 5:企业嵌入 GVC 的方式与类型、企业特征和属性以及企业所处地区市场因素等方面的差异都将使 GVC 嵌入与出口质量间的关系存在差别。

图 2 - 1 为本章理论研究框架。

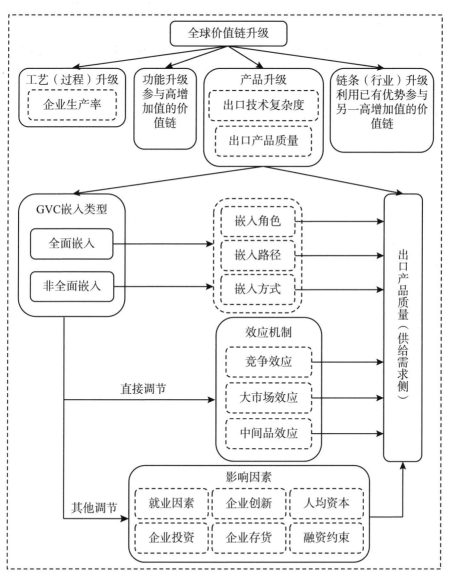

图 2 - 1　理论框架

2.5 本章小结

　　本章构建异质性企业出口质量内生决定模型，将 GVC 嵌入指标引入理论模型中，以微观企业嵌入 GVC 的决策行为为基础，运用中间品效应、竞争效应与市场效应多层次研究 GVC 嵌入对于出口质量的影响。本书理论部分认为，GVC 嵌入和企业要素密集同样是影响出口质量的重要因素。并且，本章进一步假设 GVC 嵌入与出口质量间存在非线性关系，具体表现为 GVC 嵌入指标对于质量函数的一阶导数大于 0，二阶导数小于 0。后续实证部分将对该假设命题加以验证。

第3章 企业嵌入 GVC 的质量动态分析

3.1 全面嵌入与非全面嵌入企业价值链嵌入的分情形对比

如前所述，企业全面参与价值链等新型国际分工需要通过同时参与中间品进口与出口来实现，这里将进出口视为企业全面参与国际分工合作应具备的基本特征，而单纯进口或者出口的企业则视为非全面参与型企业①。因此，我们将基于异质性视角关注企业在参与国际分工过程中的价值链嵌入指标的变化。具体见图 3 - 1，其中，图 3 - 1 左侧代表 GVC 全面嵌入型企业，右侧代表非 GVC 全面嵌入型企业。可以发现：一方面，从企业的贸易方式、企业性质和企业技术类型看，我国各类型企业的 FVAR 在 2000 ~ 2011 年整体呈现不同程度的下降趋势，并且一般贸易 FVAR 最低，加工贸易 FVAR 最高；国有企业 FVAR 最低，外资企业 FVAR 最高；高技术、中技术和低技术类型企业差距相对较小。在不同贸易或企业类型下 FVAR 的取值存在一定差距，这与张杰等（2013）所研究的基本趋势和波动范围基本一致，但是 2007 年以后，不同贸易方式、企业类型和技术类型下 FVAR 的变动趋于一致，且差距不断缩小。本书认为这主要受 2007 年底金融危机冲击导致彼此间的差异被缩小，这是本书的一个发现。另一方面，从全球价值链嵌入的取值范围看，GVC 全面嵌入型企业比非 GVC

---

① 一般根据进口中间品中所包含的投入品和服务品的比重将价值链嵌入指标量化为产品嵌入度和服务功能嵌入度，分别表示货物贸易和服务贸易对该国贸易收益的影响。

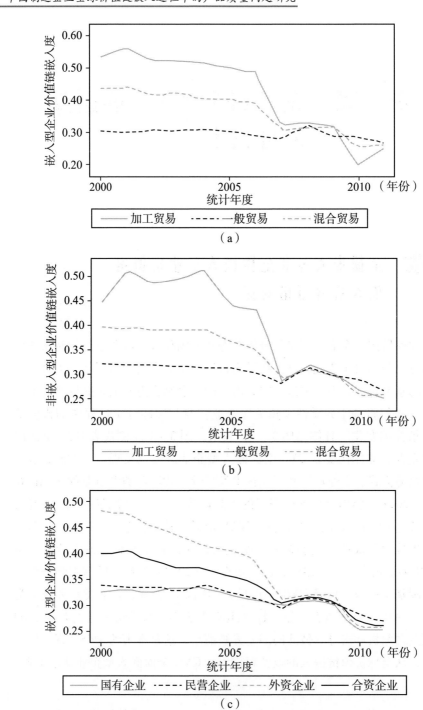

（a）

（b）

（c）

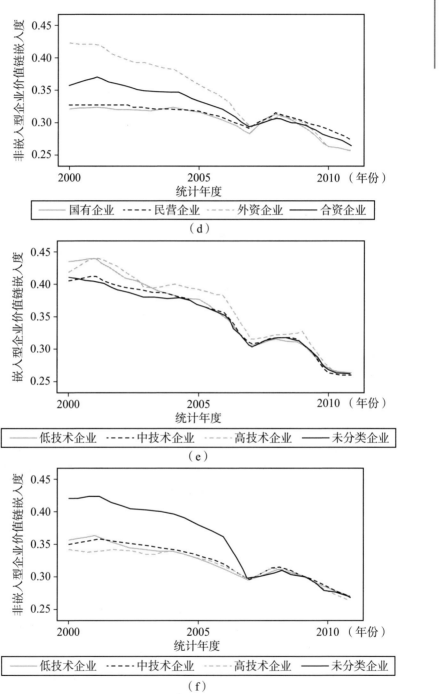

图 3-1　全面嵌入与非全面嵌入企业价值链的分情形对比

资料来源：笔者整理计算得到。

全面嵌入型企业整体上具有较高的嵌入度，并且二者均呈现以下共同特征：加工贸易的 GVC 嵌入程度高于混合贸易和一般贸易，外资企业的 GVC 嵌入程度高于合资企业、民营企业和国有企业，而高技术、中技术和低技术企业整体 GVC 嵌入程度的差异相对较小，但相比较于未分类企业，高技术、中技术和低技术企业的 GVC 嵌入程度将因企业嵌入 GVC 程度的差异而带来较大变化，这是本书的另一个发现。另外，国有企业与民营企业嵌入 GVC 的程度相比较于外资与合资企业而言差距较大。

3.2 全面嵌入与非全面嵌入企业的出口质量的分情形对比

为了更细致地分析和比较 GVC 嵌入型企业与非 GVC 嵌入型企业间出口质量差异的具体表现，本书再次从企业的出口贸易方式和企业所有制类型和企业技术类型进行分析。其中，图 4-2 左侧代表 GVC 全面嵌入型企业，右侧代表非 GVC 全面嵌入型企业。

首先，从贸易方式看，GVC 嵌入型与非 GVC 嵌入型企业中的加工贸易企业与混合贸易企业的出口质量差异均较小，并且均高于一般贸易。但是，GVC 全面嵌入型企业在 2007 年底金融危机后三种贸易方式间出口质量的差异不断缩小，而非 GVC 全面嵌入型企业在 2007 年底金融危机后三种贸易方式间出口质量的差异呈现先缩小后扩大的趋势。另外，可以发现 GVC 嵌入型下的三种贸易方式企业的出口质量要整体高于非 GVC 嵌入型下的三种贸易方式企业，但是，加工贸易出口质量高于一般贸易出口质量的现象始终存在，这也说明了我国企业确实存在出口质量的悖论。

其次，从企业类型看，GVC 嵌入型与非 GVC 嵌入型的企业在不同企业类型下的出口质量由高到低依次为：外资企业、合资企业、民营企业和国有企业，二者间整体上呈现一定的相似性，并且 GVC 全面嵌入型情形下各类型企业的出口质量要整体高于 GVC 非全面嵌入型情形下各类型企业。另外，在 GVC 嵌入型情形下的外资企业和合资企业出口质量变动较为平稳，民营企业和国有企业出口质量变动较大，这说明企业深度嵌入 GVC 有利于企业间的竞争，通过出口质量的差异来获得相应的出口竞争优势。而在 GVC 非全面嵌入型情形下的外资企业、合资企业和民营企业出口质量变动较为平稳，而国有企业出口质量变动较大，这说明国有企业由于其自身受政策调控和干预等特点使得企业自身的出口质量具有较大的不稳定性，并且这种出口质量的波动性在 GVC 全面嵌入型与 GVC 非全面嵌入型情形下均存在。同时，也说明民营企业通过全面参与 GVC 有利于企业出口质量得到稳步提升，降低出口质量的不确定性波动，而外资企业和合资企业出口质量的波动始终较为平稳，即企业是否选择全面嵌入 GVC 对于外资企业和合资企业出口质量变动影响较小。

最后，基于企业出口产品中的产品类别，将企业出口产品中的高技术产品、中技术产品与低技术产品出口份额占优的企业一次划分为对应类型企业，其中图 3 - 2 中的未分类企业具体表示企业出口产品中资源品和未分类产品占优的企业。可以发现，GVC 全面嵌入型情形下各类型企业的出口质量的波动范围要整体低于 GVC 非全面嵌入型情形下各类型企业，且 GVC 全面嵌入型情形下各类型企业的出口质量要整体高于 GVC 非全面嵌入型情形下各类型企业。具体来说，在 GVC 全面嵌入型情形下出口质量由高到低的顺序整体上依次为：高技术企业、中技术企业、低技术企业或未分类企业，但是，在 GVC 全面嵌入型情形下出口质量由高到低的顺序整体上依次为：未分类企业、高技术企业、低技术企业和中技术企业，这使得 GVC 嵌入型企业与非 GVC 嵌入型企业在此情形下差异较为明显。而这种差异性则进一步说明企业只有深度全面嵌入 GVC 才能有利于企业充分发挥自身产品的技术优势，促进企业出口质量进一步升级，同时，也可以降低企业出口质量的波动范围。

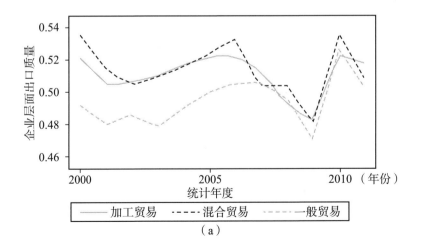

（a）

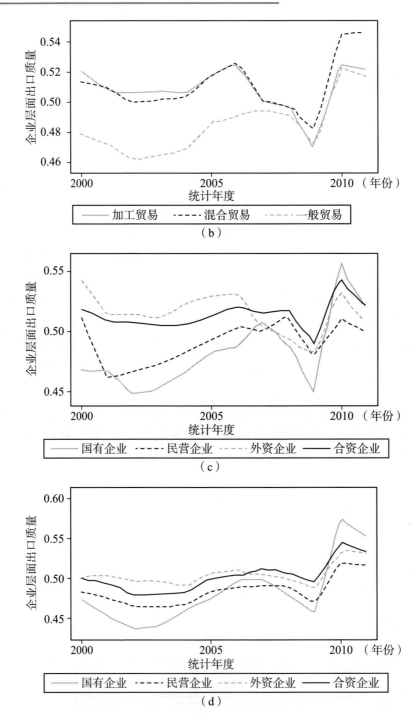

（b）

（c）

（d）

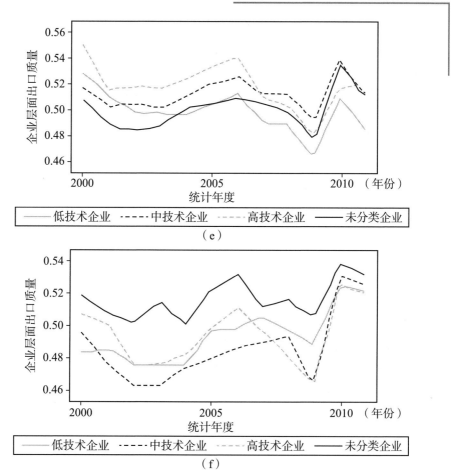

图 3 - 2　全面嵌入与非全面嵌入企业出口质量的分情形对比

资料来源：笔者整理计算得到。

3.3　企业嵌入价值链的角色变化与企业出口质量变化

　　第 1 章图 1 - 2 中企业因 GVC 嵌入差异引起的出口质量差异的具体原因，本书认为这可能是由企业在具体嵌入过程中的角色变化所引起的，主要因为企业在嵌入 GVC 的过程中，其角色会伴随年份发生一定改变。首先，从各年度中企业参与 GVC 的数量看，我国企业在参与 GVC 过程中的数量整体上呈现逐年递增的趋势，从 2000 年的 5389 家至 2011 年的 13118

家。其次，企业参与国际分工的方式是以分阶段嵌入 GVC 进行的，这可以为企业带来相应福利。但是，这是否意味着企业在参与 GVC 的过程中其嵌入角色就一定会发生改变？并且企业在此过程中，其嵌入角色的变化是否会对企业出口质量产生较大影响？针对上述两个问题，本书借鉴席艳乐等（2015）分情形对企业进行分类并依次从三个角度对上述两个问题进行解答，具体如图 3 – 3 所示。

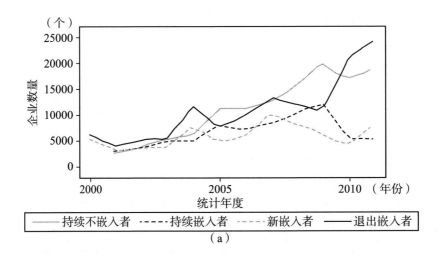

（a）

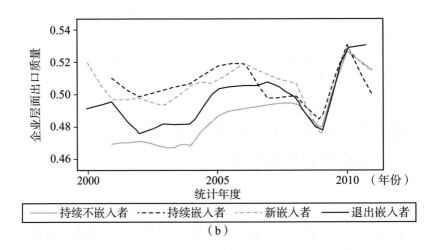

（b）

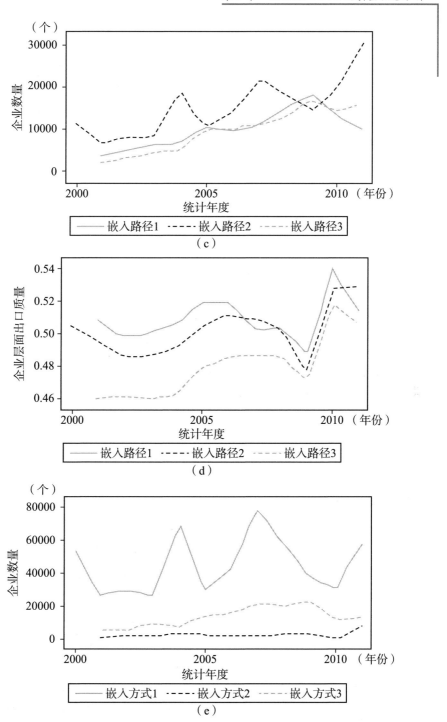

（c）

（d）

（e）

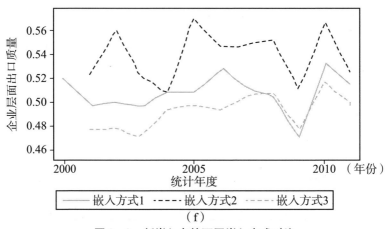

（f）

图 3－3　新嵌入者的不同嵌入方式对比

资料来源：笔者整理计算得到。

　　首先，以相邻（连续）两年为考察期作为判断企业存在形式的依据将企业划分为四类：持续不嵌入者（125341 家）、持续嵌入者（73404 家）、新嵌入者（71811 家）、退出者（131916 家）。持续嵌入者与持续不嵌入者以及新嵌入者与退出嵌入者的企业数量伴随着时间分别呈现差距扩大的趋势，并且四种类型企业间的数量差异被逐步扩大。需要注意的是，持续嵌入者与持续不嵌入者在 2001 年才开始出现，本书认为这与中国加入 WTO 有较大关系，即我国加入 WTO 加速了企业决定是否持续嵌入 GVC。可以发现，我国企业的角色在嵌入 GVC 的过程中并不是固定的，企业会根据自身的实际调整其嵌入策略。而这种调整也势必会引起企业出口质量的变动。可以发现，四种类型的企业出口质量由高到低依次为：持续嵌入者、新嵌入者、退出嵌入者和持续不嵌入者。这说明，企业只要存在嵌入 GVC 的行为都将一定程度上推动企业出口质量的提升，但是有趣的是，我国企业中持续不嵌入者的数量始终较大，并且退出嵌入者的数量逐年递增，这在一定程度上抑制了我国企业出口质量的整体提升。总的来看，我国目前参与 GVC 尚属于部分企业的行为，而且这些企业间的行为也具有一定的不稳定性和各自的路径偏好。

　　其次，为了进一步解释这种不稳定性和各自的路径偏好，本书进一步认为进出口企业在嵌入 GVC 过程中的角色转变主要是由其所参与中间品进出口时所选择的具体进出口贸易方式引起，基于此，本书根据企业嵌入 GVC 的路径，将企业细分为三类路径：中间品进口企业开始出口（111471 家采用路径 1）、出口企业开始进口中间品（183515 家采用路径 2）和无贸易企业同时开始中间品进出口（107486 家采用路径 3）。可以发现三种路径下的企业数量整体呈现上升的趋势，并且路径 2 的上升趋势整体上依次高于路径 3 和路径 1。直观地看，路径 2 与路径 3 的企业在 2001 年才开始出现，而我国企业参与 GVC 过程中有相当一部分企业是由出口过程中开始进口中间品的，进而参与国际分工。而无贸易企业同时开始中间品进出口的企业数量开始呈现稳步上升的趋势，中间品进口企业开始出口的企业数量呈现先上升后下降的趋势。那么，这种变动所引起的出口质量变动如何呢？通过对比可以发现三种路径下的企业出口质量整体上由高到低依次为：路径 1、路径 2 和路径 3，并且路径 1 与路径 2 之间的差异始终较小，路径 1 与路径 2 下的企业出口质量与路径 3 的差异呈现先扩大后缩小的趋势，而分界点在 2007 年附近。需要特别注意的是，嵌入路径 3 的企业数量增长性较为稳定，并且在路径 3 下出口质量的提升效应也最为明显。主要原因在于企业从 GVC 嵌入状态中"从无到有"的转变为企业带来的效应是直观的，即嵌入 GVC 将促进企业质量升级。总的来看，企业在嵌入 GVC 的过程中通过参与中间品的进口等国际分工，推动了企业出口质量的整体提升。但以路径 2 和路径 3 为代表的企业各自的路径偏好差异，使得各路径下的数量与企业出口质量之间并不匹配，具体表现为企业数量曲线与出口质量曲线的变动趋势不一致。

最后，回答上述嵌入路径与出口质量间不匹配的原因，我们认为这可能由路径 2 与路径 3 中存在的新嵌入者所引起。基于此，本书对路径 2 与路径 3 中所包含的 71811 家新嵌入企业再次就嵌入的具体状态进行分类，具体可进一步细分为以下三类：直接由无出口和中间品进口转变为既有出口又有中间品进口（54265 家采用方式 1）、先进口中间品再出口（2834 家采用方式 2）和先出口再进口中间品（14712 家采用方式 3）。可以发现，在新嵌入的企业中，采用以后两种为代表的"迂回式"循序渐进嵌入的企业相对占少数，直接嵌入型企业占多数。但是，需要注意的是，采取方式 1 的企业数量具有较大的波动性，而方式 2 与方式 3 的企业数量较为平稳。同样，以方式 2 与方式 3 为代表的企业也是 2001 年才开始出现。另外，可以发现以方式 2 为代表的新嵌入企业其出口质量的波动较大，方式 1 与方式 3 的波动相对较小。这再次说明，对于新嵌入企业同样存在着企业数量与企业出口质量之间的不匹配，并且能够通过嵌入带来较大出口质量提升的企业尚属于少数企业的实际出口表现。

第4章 企业 GVC 嵌入对产品质量影响的结构模型分析

4.1 数据清洗与筛选

为了详细刻画企业层面的价值链嵌入对出口质量的影响，本书使用2000～2013 年工企和海关数据，以及来自国际货币基金组织（IMF）数据库进口国相关数据、对外经济贸易大学（UIBE）数据库、世界贸易组织（WTO）的关税下载工具（Tariff Download Facility）数据库和国家统计局相关数据。

工企数据清洗与筛选流程：借鉴谢千里等（2008）、余淼杰等（2011）和李晓萍等（2015）的处理思路：剔除公司名称、企业编码、电话号码等主要信息存在缺失的样本；剔除资产总额、职工数等主要经济指标小于等于 0 的样本；剔除企业成立时间无效的样本；剔除明显违反公认会计准则的样本；剔除非制造业企业样本。通过会计等式对工企缺失数据进行补充：工企数据没有 2001 年、2002 年、2008 年、2009 年、2011 年、2012 年、2013 年的工业增加值，故利用收入法来进行测算，公式为：增加值 = 本年应付工资总额 + 增值税 + 所得税 + 营业税 + 利润总额 + 本年折旧。对于缺失中间投入的年份，借鉴聂辉华等（2011）的方法进行补充，即中间投入 = 总产值 + 增值税 – 增加值。2001 年缺少增加值，则在对前述公式恒等变形后计算获得，即增加值 = 总产值 – 中间投入 + 增值税。为补充部分年份工资数据缺失，将"主营业务成本 + 管理费用"作为劳动工资成本折算基础，例如 2009 年工资 = 2008 年工资 × 工资成本折算基础增长率。采用永续盘存制计算资本存量（简泽，2012）。由于缺少 2010 年折旧率数据，则在使用永续盘存制计算时，以公司上年折旧率代替。

海关数据清洗与筛选流程：剔除公司名称、公司代码和产品代码信息缺失的样本；只保留进口或出口，进出口不详一律剔除；剔除交易数量为 0 的样本；剔除企业名称中含有"经贸""外经""进出口""科贸""工贸""物流"和"贸易"等贸易代理商的样本（Ahn et al.，2011）；利用 CIC2 位码剔除非制造业产品样本；根据企业进出口记录，将数据拆分为进口和出口。进口海关数据处理参考马述忠等（2016）的思路：剔除产品样本中贸易类型缺失的样本，只保留一般贸易、来料加工和进料加工的产品数据；将海关贸易数据库中产品 HS6 位码与广义经济分类标准（broad economic catalogue，BEC）进行对接，借鉴勃兰特等（Brandt et al.，2017）划分思想，根据产品最终用途汇总为资本品、中间产品和消费品；将海关进口数据库由月份数据加总至年份数据。关税数据处理：在 HS6 位码产品税目对应到 2 分位行业分类的基础上，根据 WTO 关税数据计算关税率（吕越等，2017）。出口海关数据处理参考施炳展等（2014）的思路：剔除企业出口国缺失的样本；根据匹配的《国际贸易标准分类》（Standard International Trade Classification，SITC）3 位码中产品类别划分来剔除初级品和资源品；将海关出口数据库由月份数据加总至年份数据。进口国的国内生产总值（gross domestic product，GDP）、消费价格指数（consumer price index，CPI）等经济指标来源于 IMF 数据库，工业品类别（HS – ISIC）、产品类别（HS – SITC）和中间品类别（HS – BEC）转换表来源于联合国统计局，行业层面价值链指标来自 UIBE 数据库，制造产品类别（HS – CIC 和 CIC – Deflator）转换表来源于勃兰特等（2017）的美国经济评论（AER）文章附带数据。

4.2 企业层面 GVC 嵌入指标估计

4.2.1 企业出口国外增加值率

企业出口国外增加值率以 $fvar_{fit}$ 表示，它用于衡量企业 GVC 嵌入度 GVC_{fit}。阿普伍德等（2013）基于垂直专业化思想，构建了企业层面测算出口国外增加值的修正公式：

$$FVA_{fit} = VS_{fit} = imp_{fit}^{P} + \frac{imp_{fit}^{O}}{Y_{fit} - exp_{fit}^{P}} \times exp_{fit}^{O} \qquad (4-1)$$

其中，下标 f、i 和 t 分别表示企业、行业和年份。imp_{fit} 和 exp_{fit} 为企业总进口额和总出口额，Y_{fit} 为企业总产值，上标 O 和 P 表示一般贸易和加工贸易。假设进口产品全部用于企业中间投入。对于一般贸易与加工贸易企业，加工贸易出口的中间投入源于进口，一般贸易进口的中间投入同比例用于国内销售和一般贸易出口（Upward et al.，2013）。由此，垂直专业化指标分别为：

$$VS_{fit}^{\Delta} = \begin{cases} \dfrac{imp_{fit}^{O}}{Y_{fit}^{O}} \times exp_{fit}^{O}, & \Delta = O \\[2ex] imp_{fit}^{P}, & \Delta = P \end{cases} \qquad (4-2)$$

而企业出口国外增加值率可以表示为：

$$GVC_{fit} = fvar_{fit} = \frac{FVA_{fit}}{exp_{fit}} = \frac{VS_{fit}}{exp_{fit}} \qquad (4-3)$$

由此，还可以得到另一种 FVAR 表示形式：

$$GVC_{fit} = fvar_{fit}^{\Delta} = \begin{cases} \dfrac{imp_{fit}^{O}}{Y_{fit}^{O}}, & \Delta = O \\[2ex] \dfrac{imp_{fit}^{P}}{Y_{fit}^{P}}, & \Delta = P \\[2ex] r_{O} \times \left(\dfrac{imp_{fit}^{O}}{Y_{fit}^{O}} \right) + r_{P} \times \left(\dfrac{imp_{fit}^{P}}{Y_{fit}^{P}} \right), & \Delta = M \end{cases} \qquad (4-4)$$

其中，O、P 和 M 分别为纯一般贸易、纯加工贸易和混合贸易，r_{O} 和 r_{P} 分别表示混合贸易企业以一般贸易和加工贸易方式进行出口的比例。但是，上述测算过程没有具体考虑一般贸易 BEC 的产品分类、贸易代理商问题和国内中间投入的间接进口等问题。为了精确测算这一指标，本书综合张杰等（2013）、阿普伍德等（2013）、金和唐（2016）、吕越（2017）以及李胜旗等（2017）和许和连等（2017）的思路，构造测算企业层面出口 FVAR 的表达式：

$$GVC_{fit} = fvar_{fit} = \frac{fva_{fit}}{exp_{fit}} = \frac{imp_{fit}^{IO} + imp_{fit}^{IP}}{Y_{fit}} \qquad (4-5)$$

其中，exp_{fit} 为企业总出口额，Y_{fit} 为企业总产值，imp_{fit}^{IO} 与 imp_{fit}^{IP} 分别表

示一般进口中间品与加工进口中间品，二者之和为企业总进口额，即 $\text{imp}_{\text{fit}}^{\text{I}} = \text{imp}_{\text{fit}}^{\text{IO}} + \text{imp}_{\text{fit}}^{\text{IP}}$。更进一步，借鉴李胜旗、毛其淋（2017）和许和连等（2017）的做法，通过间接方式获取中间品的进口额信息，将企业出口 FVAR 进一步表示为相对准确的形式：

$$GVC_{\text{fit}} = \text{fvar}_{\text{fit}}^{\Delta} = \begin{cases} \dfrac{\text{imp}_{\text{fit}}^{\text{adj\_O}} \mid_{\text{BEC}} + \text{imp}_{\text{fit}}^{\text{F}}}{Y_{\text{fit}}}, & \Delta = O \\[3mm] \dfrac{\text{imp}_{\text{fit}}^{\text{adj\_P}} \mid_{\text{BEC}} + \text{imp}_{\text{fit}}^{\text{F}}}{Y_{\text{fit}}}, & \Delta = P \\[3mm] r_O \times \left(\dfrac{\text{imp}_{\text{fit}}^{\text{adj\_O}} \mid_{\text{BEC}} + \text{imp}_{\text{fit}}^{\text{F}}}{Y_{\text{fit}}} \right) + r_P \times \left(\dfrac{\text{imp}_{\text{fit}}^{\text{adj\_P}} \mid_{\text{BEC}} + \text{imp}_{\text{fit}}^{\text{F}}}{Y_{\text{fit}}} \right), & \Delta = M \end{cases}$$

$$(4-6)$$

其中，$\text{imp}_{\text{fit}}^{\text{F}} = 0.05 \times (\text{inmate}_{\text{fit}} - \text{imp}_{\text{fit}}^{\text{adj\_P}} \mid_{\text{BEC}} - \text{imp}_{\text{fit}}^{\text{adj\_O}} \mid_{\text{BEC}})$，表示企业使用的国内原材料中含有的部分国外产品份额，$\text{inmate}_{\text{fit}}$ 为企业的中间投入，Δ 表示企业所从事的具体贸易方式。而库普曼等（2012）认为这一份额在 5% ~ 10% 之间，为了准确衡量，需要剔除这部分份额。因此，本书假定该份额为 5%[①]。O、P 和 M 分别为纯一般贸易、纯加工贸易和混合贸易，$\text{imp}_{\text{fit}}^{\text{adj\_O}} \mid_{\text{BEC}}$ 和 $\text{imp}_{\text{fit}}^{\text{adj\_P}} \mid_{\text{BEC}}$ 分别表示将海关 HS6 位产品与 BEC 进行对接后所调整的一般贸易进口额与加工贸易进口额，并且 $\text{imp}_{\text{fit}}^{\text{adj}} = \text{imp}_{\text{fit}} / (1 - \theta_{\text{it}})$，$\theta_{\text{it}}$ 表示贸易代理商进口额占行业总进口的比重；r_O 和 r_P 分别表示混合贸易企业以一般贸易和加工贸易方式进行出口的比例。

4.2.2　中国企业参与 GVC 数量和嵌入程度的特征事实

根据图 4-1 上半部，我国企业通过进出口参与国际分工的数量逐年上升。但在各年度中，我国 GVC 嵌入型企业数量和增长趋势均不及非 GVC 嵌入型企业。GVC 嵌入型企业数量在 2010 年有较大降幅，但 GVC 嵌入型企业数量整体呈缓慢波动上升趋势。在此将企业是否同时参与中间品进口与出口作为企业是否为 GVC 全面嵌入者的界定标准（席艳乐等，

---

① 需要说明的是，本书还将假定企业使用的国内原材料中含有的部分国外产品的份额为 10% 进行重新测算，以考察结果的稳健性。

2015）。根据图 4-1 下半部，GVC 全面嵌入型企业的 GVC 嵌入度要高于非 GVC 全面嵌入型企业，但二者间的差距在逐渐缩小并几乎消失。可能的解释是：GVC 嵌入型企业数量在金融危机之后大幅下降，从而导致整体嵌入度下降。

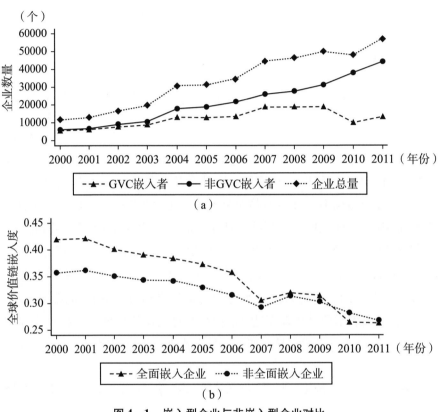

（a）

（b）

图 4-1　嵌入型企业与非嵌入型企业对比

资料来源：笔者整理计算得到。

4.3　企业出口产品质量估计

作为结构分析第二步，在此估计企业—年份层面出口质量 $quality_{ft}$。基于芬斯特拉等（2014）质量测算框架，参考其从供给与需求侧对宏观国家—行业层面出口质量进行测算时所得到的结构性参数，结合余淼杰等（2017）的处理企业出口产品质量的思路，测算得到企业—国家—产品—

年份层面的质量数据。再借鉴许家云等（2017）的思路，将产品质量由企业—国家—产品—年份层面加总至企业—年份层面。在具体测算过程中，需要完成以下测算。

4.3.1　出口离岸价格

由于海关进出口贸易数据涵盖了各个企业在每笔进出口交易中的交易价值、交易数量、HS8 位的产品类别、出口目的国等信息，由此可得到出口离岸价格的具体信息。本书构造企业—出口目的国—产品—年份层面的离岸单位价格 p^*_{fcgt}，将企业 f 在 t 年中出口到 c 国的产品 g 的离岸价值按年份进行加总，将总价值除以总数量即得出口离岸单价，如式（4 - 7）所示：

$$p^*_{fcgt} = \frac{value_{fcgt}}{quantity_{fcgt}} \qquad (4-7)$$

其中，$value_{fcgt}$ 为企业 f 在 t 年向 c 国出口的属于产品 g 的总出口离岸价值，$quantity_{fcgt}$ 为对应的总出口数量，p^*_{fcgt} 为出口离岸价格。产品 g 以 HS6 位产品分类码为准，并将 6 位 HS1996、HS2002 和 HS2007 这 3 个版本统一为 6 位 HS1996。

4.3.2　生产率

采用 DLW 法，即德·洛克尔和沃津斯基（De Loecker & Warzynski, 2012）的半参数方法对全要素生产率（total factor productivity, TFP）进行估计，假设生产函数如式（4 - 8）：

$$Y_{ft} = f_{ft}(l_{ft}; \ k_{ft}; \ m_{ft}; \ \beta_x) + \omega_{ft} + \tau ex_{ft} + \varepsilon_{ft} \qquad (4-8)$$

其中，Y_{ft} 表示增加值，ex_{ft} 为企业是否出口，β_s 为相关系数：

$$\beta_x = [\beta_1; \ \beta_{ll}; \ \beta_k; \ \beta_{kk}; \ \beta_m; \ \beta_{mm}; \ \beta_{kl}; \ \beta_{ml}; \ \beta_{mk}; \ \beta_{mlk}] \qquad (4-9)$$

假设企业的出口行为也会内生影响企业层面的 TFP，即 ω_{ft} 服从式（4 - 10）的动态分布：

$$\omega_{ft} = g(\omega_{ft-1}, \ ex_{ft-1}) + \xi_{ft} \qquad (4-10)$$

中间投入 m_{ft} 取决于企业在 t 时期的资本 k_{ft}、TFP、劳动投入 l_{ft}，如式（4 - 11）：

$$m_{ft} = m_t(l_{ft}; \ k_{ft}; \ \omega_{ft}; \ x_{ft}) \qquad (4-11)$$

其中，x_{ft} 是其他潜在影响企业中间投入需求的因素。

在非参数估计下，拟合 $\omega_{ft} = h_t(l_{ft};\ k_{ft};\ \omega_{ft};\ x_{ft})$ 得到包含 ω_{ft} 的表达式，第一阶段给出：

$$f_{ft} = \phi_{ft}(l_{ft};\ k_{ft};\ m_{ft};\ x_{ft}) + \varepsilon_{ft} \qquad (4-12)$$

在式（4-12）中，$\phi_t = f(l_{ft};\ k_{ft};\ \omega_{ft};\ x_{ft}) + h_t(l_{ft};\ k_{ft};\ \omega_{ft};\ x_{ft}) + ex_{ft}$，由此得到 $\omega_{ft}(\beta) = \hat{\phi}_t - \hat{f}(l_{ft};\ k_{ft};\ \omega_{ft};\ x_{ft})$，再将 ω_{ft-1}，ex_{ft-1} 作解释变量，用非参数法对 $\hat{\omega}_{ft}(\beta)$ 回归得到 ξ_{ft} 的分布。

在第二阶段通过广义矩估计（generalized method of moments，GMM）按式（4-12）矩条件得到劳动（工资）、资本、中间投入的产出弹性。

$$E[\xi_{ft}(\beta)Z_{ft}] = 0 \qquad (4-13)$$

其中，Z_{ft} 包含所有投入要素的滞后项和当期交叉项的工具变量矩阵，在得到相应的产出弹性之后，按照与 ACF 相同的方法得到德·洛克尔分析框架下的 TFP。

4.3.3　投入品成本水平

借鉴余淼杰等（2017）做法，将 c_t 定义为包含劳动、资本和中间投入要素的成本水平：

$$\ln(c_t) = \gamma_1'\ln(c_t^l) + \gamma_2'\ln(c_t^k) + \gamma_3'\ln(c_t^m) \qquad (4-14)$$

其中，c_t^l、c_t^k 和 c_t^m 表示劳动、资本和中间投入的成本，其份额由 γ_1'、γ_2' 和 γ_3' 表示。

不同行业的平均投入成本水平和投入要素份额结构，对不同行业的产品质量水平起着极为重要的作用，故根据清洗后的工企数据计算劳动、资本和中间投入的各行业平均成本水平。

生产函数被写为 $y_{ft} = \varphi_{ft}k_{ft}^{\gamma_1}l_{ft}^{\gamma_2}m_{ft}^{\gamma_3}$，则根据生产函数的投入产出弹性计算 γ_1'、γ_2' 与 γ_3'：

$$\gamma_1' = \frac{\gamma_1}{\gamma_1 + \gamma_2 + \gamma_3},\ \ \gamma_2' = \frac{\gamma_2}{\gamma_1 + \gamma_2 + \gamma_3},\ \ \gamma_3' = \frac{\gamma_3}{\gamma_1 + \gamma_2 + \gamma_3} \qquad (4-15)$$

其中，γ_1、γ_2 和 γ_3 值在估计 TFP 过程中得到，进而依据式（4-15）计算各行业的平均投入品成本。

4.3.4　结构性参数

参考芬斯特拉等（2014）估计的 2000～2011 年样本国家每种 SITC 第 2 版 4 位码在产品层面上的结构性参数 α_{cg}、θ_g 和 σ_g 的数值，采用余淼杰等（2017）的方法计算产品层面的出口产品质量。将 SITC 的 4 位码与 HS 的 6 位产品码进行横向匹配，得到每个产品—国家层面所对应的 α_{cg}、θ_g 和 σ_g 参数值。HS6 位码所对应 SITC4 位码的部分参数值存在缺失，进一步参考余淼杰等（2017）处理方法，将这些 HS6 位码对应的 SITC3 位码的 α_{cg}、θ_g 和 σ_g 平均参数值作为其对应的参数值。

根据计算得到出口离岸价格 p_{fcgt}^{*}、生产率 ω_{ft}、投入品成本水平 c_t，以及在产品 HS6—国家层面上的参数值 α_{cg}、θ_g 和 σ_g，根据余淼杰等（2017）的测算方法计算出口产品质量：

$$\ln(\lambda_{fcgt}) = \theta_g \big[\ln(\mu_{1cg}) + \ln(p_{fcgt}^{*}) + \ln(\omega_{ft}) - \ln(c_t) \big] \qquad (4-16)$$

其中，λ_{fcgt} 为出口产品质量，$\mu_{1cg} = \alpha_{cg}\theta_g(\sigma_g - 1)/[1 + \alpha_{cg}\theta_g(\sigma_g - 1)]$。为了便于进行企业层面的比较，本书进一步借鉴许家云等（2017）的思路，对产品层面出口质量进行标准化处理可得：

$$r - \lambda_{fcgt} = (\lambda_{fcgt} - \min\lambda_{fcgt})/(\max\lambda_{fcgt} - \min\lambda_{fcgt}) \qquad (4-17)$$

其中，min 和 max 分别针对某一 HS6 位码产品，在所有年度、所有企业、所有产品和所有进出口国层面上求出最大值和最小值。最后，可以将企业层面的出口质量指标定义为：

$$quality_{ft} = \sum_{g=1}^{N_g} \sum_{c=1}^{N_c} s_{fcgt} \times (r - \lambda_{fcgt}) \qquad (4-18)$$

其中，s_{fcgt} 代表企业各类产品的销售金额占企业总销售金额的比重，通过加权平均的方式，将产品质量由产品层面加总至企业层面。

4.3.5　基于质量测算方法与 GVC 嵌入类型差异视角下的企业出口质量对比

图 4-2 上图为基于三种算法测量的全部企业出口质量，可以看出可能存在需求回归法高估出口质量的问题，故图 4-2 下图采用供给需求信息法测算不同样本的企业出口质量。为解释我国的出口质量变动是否与企

业嵌入 GVC 或嵌入 GVC 的程度有关，根据图 4－2 下图，我们对 GVC 嵌入型与 GVC 非嵌入型企业进行对比可发现，嵌入型企业的出口质量整体要高于非全面嵌入型，并且二者间的质量差异经历了扩大—缩小—扩大的过程。本书认为二者间出口质量差距缩小的原因有两个：第一，2008 年金融危机冲击使二者间的差距不断缩小；第二，金融危机的冲击势必会引起出口质量低的企业退出市场，进而低质量企业的数目开始较少，而且低质量企业若想继续生存则不得不考虑提高产品质量，最后倒逼企业之间的质量差距缩小。但是伴随着危机影响的逐渐消失，企业间的出口质量差距也会再次扩大。本书发现 2011 年的非嵌入企业出口质量高于同期嵌入企业，说明在金融危机爆发数年之后，在我国企业 GVC 嵌入过程中确实存在"GVC 嵌入—出口质量悖论"。

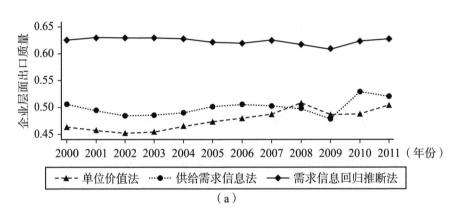

（a）

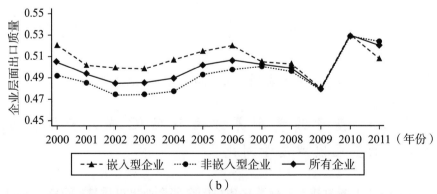

（b）

图 4－2　嵌入型企业与非嵌入型企业出口质量对比

资料来源：笔者整理计算得到。

4.4　控制变量的估计与计算

除了核心解释变量外，还控制了一些体现企业特征的变量。企业投资
（$invest_{ft}$），采用永续盘存法估算：$invest_{ft} = K_{ft} - (1 - \pi)K_{ft-1}$，其中 K_{ft}、π
分别为企业 f 在 t 年的投资、资本存量，折旧率（毛其淋等，2013）；产品
更新率（$proupdate_{ft}$），以新产品占总产品产值的比率作为企业层面产品更
新率的代理，同时也可作为企业研发创新的替代；企业规模（$size_{ft}$），以
企业职工数取对数表示（吕越等，2017）；融资约束（$finance_{ft}$），以利息
支出在财务费用中的占比表示（马述忠等，2016）；企业年龄（$year_{ft}$），
由企业营业当年年份—企业开业年份 + 1 计算所得（吕越等，2017）；企
业要素密集度（k_{ft}/l_{ft}），以固定资产净值年均余额与从业人数的比值表示
（吕越等，2017）；企业存货规模（$inventory_{ft}$），以企业存货取对数表示
（吕越等，2017）；关税（$tariff_{ft}$），如数据清洗与处理部分所述，根据
WTO 关税数据计算关税率（吕越等，2017）；赫芬达尔指数（hhi_{ft}），以
各企业销售额占所属行业总销售额比值平方和表示，指标越小，竞争越激
烈，市场集中度越低（李胜旗等，2017）。

4.5　基准回归模型设定与分析

为探讨制造企业价值链嵌入对出口质量的影响，结合理论模型进一步
设定如下计量模型：

$$quality_{ft} = \beta_0 + \beta_1 fvar_{fit} + \beta_2 \ln(k_{ft}/l_{ft}) + \beta_3 X_{ft} + \mu_f + \mu_i + \mu_p + \mu_t + \varepsilon_{fipt}$$

$$(4-19)$$

其中，下标 f、i、p、t 分别表示企业、行业、省份和时间。$quality_{ft}$ 为
f 企业 t 时期的出口产品质量；$fvar_{fit}$ 为核心解释变量，代表 f 企业 t 时期在
行业 i 的价值链嵌入水平（或嵌入度）；（k_{ft}/l_{ft}）为要素密集度；X_{ft} 为控
制变量。μ_f、μ_i、μ_p 和 μ_t 分别为企业、行业、省份和时间固定效应。

为了检验价值链嵌入对企业出口质量间是否存在非线性关系，这里在
基准模型的基础上引入价值链嵌入指标的平方项（$fvar_{ft}^2$），得到如下扩展

后的计量模型：

$$\text{quality}_{ft} = \beta_0 + \beta_1 \text{fvar}_{fit} + \beta_2 \text{fvar}_{fit}^2 + \beta_3 \ln\left(\frac{k_{ft}}{l_{ft}}\right) + \beta_4 X_{ft} + \mu_f + \mu_i + \mu_p + \mu_t + \varepsilon_{fipt}$$

$$(4-20)$$

　　根据表4-1，列（1）在没有加入控制变量，并固定了时间、省份、行业固定效应的情况下，价值链嵌入对企业出口质量产生显著正向影响。列（2）、列（3）依次加入企业规模和企业年龄后，显著性仍保持不变且系数值略上升。列（4）加入了要素密集度，可发现这些指标均与企业产品质量密切相关，且多数系数符号符合预期。列（5）则进一步添加控制变量，并控制了不随时间变化的行业与省份特征以及只随时间改变的共同趋势后，发现这些变量与产品质量均密切相关，且控制变量的添加并没有改变价值链嵌入对企业出口质量的正向影响。在列（6）加入了不随时间改变的企业特征和只随时间改变的共同趋势后，也没有改变价值链嵌入的质量提升效应。列（7）在列（6）基础上添加不随时间变化的行业特征后发现结论依旧稳健，列（8）则进一步在列（7）的基础上添加不随时间变化的省份特征，整体系数与显著性仍未发生显著变化。考虑到价值链嵌入与企业出口质量之间可能存在的双向因果关系，采用GMM估计，将价值链嵌入的滞后一期作为工具变量，结果如列（9）所示，出口质量对价值链嵌入的反应系数及其显著性并没有发生根本变化，这说明二者关系不会因控制变量和计量方法选择以及内生性问题处理而发生根本变化。列（10）中以各年度中2位行业代码对应的行业价值链嵌入度均值作为工具变量进行回归，可发现整体系数和显著性也依旧未发生根本变化。由此，可以认为企业通过积极嵌入GVC会有助于企业出口质量的提升，企业资本密集度、企业研发创新、企业投资、企业存货和行业集中度等均有利于企业在嵌入GVC的过程中实现质量升级，而融资约束、关税会对出口质量升级产生抑制作用。本书发现企业规模扩大不会带来出口质量升级，本书的解释是企业规模越大，越会导致企业削弱对产品市场竞争力的重视程度，即具有高产品质量的企业未必就是大规模企业，产品质量与企业规模无必然联系。这也解释了我国一些企业只重视规模扩张而带来的"大而不强"局面，它也是我国企业需着力克服的问题。

表 4－1　价值链嵌入对出口质量影响的基本回归结果

被解释变量	(1)	(2)	(3)	(4)	(5)	(6)	(7)	(8)	(9)	(10)
价值链嵌入	0.0491*** (13.9281)	0.0505*** (14.3192)	0.0496*** (14.0591)	0.0489*** (13.8916)	0.0477*** (13.5363)	0.0432*** (12.9377)	0.0427*** (12.7762)	0.0421*** (12.5823)	0.0428*** (10.0052)	0.2876*** (14.8863)
企业规模		-0.0049*** (-15.4678)	-0.0045*** (-13.6642)	-0.0034*** (-10.3463)	-0.0082*** (-20.5707)	-0.0113*** (-19.1056)	-0.0113*** (-19.0679)	-0.0113*** (-19.1510)	-0.0112*** (-20.1799)	-0.0079*** (-19.8034)
企业年龄			0.0016 (0.8555)	-0.0008 (-0.4119)	0.0007 (0.3845)	0.0037* (1.8181)	0.0037* (1.8425)	0.0037* (1.8097)	0.0076*** (2.6106)	0.0006 (0.2973)
年龄平方			-0.0009** (-2.0980)	-0.0009** (-2.1268)	-0.0012*** (-2.7800)	-0.0011** (-1.9620)	-0.0011** (-2.0035)	-0.0011** (-2.0124)	-0.0022*** (-3.3709)	-0.0012*** (-2.7355)
要素密集度				0.0079*** (35.2572)	0.0062*** (26.0867)	0.0032*** (13.4915)	0.0032*** (13.4194)	0.0032*** (13.4568)	0.0048*** (14.7745)	0.0063*** (26.3423)
融资约束					-0.0013* (-1.7071)	-0.0021*** (-2.6199)	-0.0021*** (-2.6101)	-0.0021** (-2.5746)	-0.0009 (-0.9107)	-0.0015* (-1.9505)
企业创新					0.0076*** (4.8525)	0.0005 (0.9527)	0.0011 (1.5908)	0.0011 (1.5740)	0.0069*** (3.3756)	0.0071*** (4.5334)
企业投资					0.0043*** (17.8606)	0.0004 (1.4395)	0.0004 (1.4319)	0.0004 (1.3652)	0.0072*** (19.1878)	0.0043*** (17.4883)
关税					-0.0056*** (-11.2563)	-0.0018*** (-3.6611)	-0.0018*** (-3.7205)	-0.0018*** (-3.7482)	-0.0052*** (-8.0237)	-0.0056*** (-11.2846)

续表

被解释变量	(1)	(2)	(3)	(4)	(5)	(6)	(7)	(8)	(9)	(10)
企业存货					0.0020*** (10.0974)	0.0007*** (3.4217)	0.0007*** (3.4721)	0.0007*** (3.3955)	0.0017*** (6.1437)	0.0020*** (9.8910)
赫芬达尔指数					0.0036*** (6.1331)	0.0008* (1.7876)	0.0007 (1.5109)	0.0008 (1.5322)	0.0037*** (4.4987)	0.0028*** (4.6782)
省份固定效应	Yes	Yes	Yes	Yes	Yes	No	No	Yes	Yes	Yes
行业固定效应	Yes	Yes	Yes	Yes	Yes	No	Yes	Yes	Yes	Yes
企业固定效应	No	No	No	No	No	Yes	Yes	Yes	No	No
年份固定效应	Yes	Yes	Yes	Yes	Yes	Yes	Yes	Yes	Yes	Yes
N	379280	379280	379280	379280	379250	345071	345071	345071	223564	379250
adj. R²	0.065	0.066	0.066	0.069	0.071	0.654	0.654	0.654	0.076	0.071
F	193.9931	218.7082	114.4937	337.1815	219.5134	84.8208	84.1139	84.2841	138.3021	224.1664
Prob > F	0.0000	0.0000	0.0000	0.0000	0.0000	0.0000	0.0000	0.0000	0.0000	0.0000

注：括号内是系数的 t 值，*、**、***分别表示 10%、5% 及 1% 的显著性水平上显著；所有回归系数的标准误均在企业一行业一省份一年份层面上进行 cluster 处理；默认为供给需求方法，若未标注质量的测算方法，其他图、表类同。

第5章 价值链嵌入与出口质量非线性关系及其影响机制研究

5.1 价值链嵌入与企业出口质量的非线性关系验证

表4-1主要考察了GVC嵌入与企业出口质量之间的线性关系，为了更进一步研究二者是否存在非线性关系，在基准回归的基础上加入平方项进行回归，所有变量均控制了省份、企业、行业和年份固定效应，结果如表5-1所示。从列（1）可得出GVC嵌入与出口质量之间存在倒"U"型关系的结论。表现为企业在GVC嵌入初期的质量提升效应较为明显，但是当GVC嵌入度达到一定临界值后，继续嵌入GVC就会带来对出口质量的抑制。可能的原因在于：当中国企业攀升至GVC的一定高度，其产品质量提升到一定水平之后，会受到来自国外GVC高端地位企业的技术封锁，从而阻断了出口产品质量升级之路。另外，当产品质量提升到一定水准后，中国企业也可能因技术创新能力不足，以及面临的资源环境约束加剧等，而导致中国企业的质量升级进入发展瓶颈期。

表 5 - 1　　　　　　价值链嵌入与企业出口质量的非线性关系验证

被解释变量	(1)	(2)	(3)	(4)	(5)
	供给需求法		需求回推法	供给需求法	
	FVAR2	FVAR1	FVAR2	FVAR2 删除异常值	FVAR1 删除异常值
价值链嵌入	0.1059 *** (11.5791)	0.0706 *** (10.6831)	- 0.0185 *** (- 4.0951)	0.1141 *** (10.4804)	0.0719 *** (10.1256)
价值链嵌入平方	- 0.0683 *** (- 7.5126)	- 0.0560 *** (- 7.2742)	0.0323 *** (7.3016)	- 0.0774 *** (- 6.5220)	- 0.0600 *** (- 6.5782)
企业规模	- 0.0119 *** (- 19.9778)	- 0.0109 *** (- 18.5413)	0.0062 *** (20.5317)	- 0.0118 *** (- 19.9057)	- 0.0109 *** (- 18.6064)
企业年龄	0.0037 * (1.8520)	0.0035 * (1.7111)	0.0070 *** (7.1575)	0.0036 * (1.8095)	0.0034 * (1.6998)
年龄平方	- 0.0012 ** (- 2.0863)	- 0.0011 * (- 1.9318)	- 0.0017 *** (- 5.9738)	- 0.0012 ** (- 2.0516)	- 0.0011 * (- 1.9206)
要素密集度	0.0032 *** (13.2922)	0.0032 *** (13.4518)	0.0003 ** (2.2691)	0.0031 *** (13.3008)	0.0032 *** (13.4249)
融资约束	- 0.0022 *** (- 2.6232)	- 0.0021 ** (- 2.5576)	- 0.0001 (- 0.3113)	- 0.0022 *** (- 2.6290)	- 0.0021 ** (- 2.5664)
企业创新	0.0011 (1.5627)	0.0011 (1.5885)	- 0.0007 (- 0.9415)	0.0011 (1.5406)	0.0011 (1.5665)
企业投资	0.0004 (1.5095)	0.0003 (1.0829)	0.0018 *** (12.9186)	0.0004 (1.5120)	0.0003 (1.0954)
关税	- 0.0018 *** (- 3.7273)	- 0.0017 *** (- 3.5398)	0.0017 *** (7.1228)	- 0.0018 *** (- 3.7264)	- 0.0017 *** (- 3.5377)
企业存货	0.0006 *** (3.0184)	0.0007 *** (3.4267)	0.0007 *** (6.8247)	0.0006 *** (3.0506)	0.0007 *** (3.4468)
赫芬达尔指数	0.0008 (1.5475)	0.0007 (1.4608)	- 0.0021 *** (- 8.1921)	0.0008 (1.5632)	0.0007 (1.4771)
省份固定效应	Yes	Yes	Yes	Yes	Yes
行业固定效应	Yes	Yes	Yes	Yes	Yes

续表

被解释变量	(1)	(2)	(3)	(4)	(5)
	供给需求法		需求回推法	供给需求法	
	FVAR2	FVAR1	FVAR2	FVAR2 删除异常值	FVAR1 删除异常值
企业固定效应	Yes	Yes	Yes	Yes	Yes
年份固定效应	Yes	Yes	Yes	Yes	Yes
N	345071	345071	346682	345071	345071
adj. R^2	0.654	0.654	0.672	0.655	0.655
F	81.8099	76.6826	88.5186	81.8295	76.5906
Prob > F	0.0000	0.0000	0.0000	0.0000	0.0000

注：括号内是系数的 t 值，*、**、*** 分别表示在 10%、5% 及 1% 的显著性水平上显著；所有回归系数的标准误均在企业—行业—省份—年份层面上进行 cluster 处理。

由 $\partial quality/\partial fvar=0$ 可得倒"U"型关系的临界值（$-\beta_1/2\beta_2$），根据列（1）的系数可得临界值约为 0.78（倒"U"型曲线的顶点）。根据全样本企业 GVC 嵌入度分年度的核密度图，如图 5-1 所示，各年份企业 GVC 嵌入度的均值在 0.30 附近变动，说明在样本期的中国大部分企业 GVC 嵌入度远未达到质量效应从提升阶段向抑制阶段逆转的临界值。它们仍具相当的发展空间，通过深度嵌入 GVC 来带动出口质量的持续升级。此外，考虑到倒"U"型关系的存在，为了进一步验证二者间的关系是否稳健，在列（2）中对 FVAR 指标进行替代[①]，在列（3）中替换因变量为需求回推法下的出口质量。在列（4）与列（5）中基于列（1）与列（2）中 FVAR 不同测度方法，剔除 1% 的极端样本后分别进行回归。比较列（1）、列（2），可发现变量的系数和显著性均未发生显著变化，根据列（2）计算的临界值约为 0.63，大部分企业 GVC 嵌入度（即均值 0.30）仍然位于倒"U"型曲线的左侧。基于需求回推法测算的 GVC 嵌入与出口质量之间呈"U"型关系，且"U"型关系的临界值约为 0.28（"U"型

[①] FVAR1 与 FVAR2 是分别基于式（4-3）和式（4-6）计算所得，且式（4-6）是在公式（4-3）的基础上进一步剔除贸易中间商和企业使用的国内原材料中含有的部分国外产品份额等因素后的一种相对精确测算。

曲线的顶点），参照当前我国企业嵌入 GVC 的整体均值 0.30，说明需求回推法下大部分企业 GVC 嵌入度位于"U"型关系曲线的右侧，也是处于质量提升阶段。这些均说明价值链嵌入与出口质量之间存在非线性关系，且伴随着 GVC 嵌入，样本期内大多数中国企业的出口质量处于持续提升阶段。

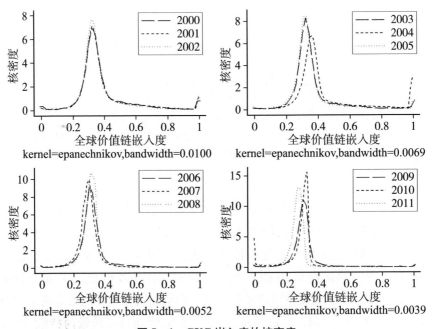

图 5-1　GVC 嵌入度的核密度

资料来源：笔者整理计算得到。

5.2　"剂量—反应关系 Meta 分析"对倒"U"型非线性关系的再次验证

本书对于价值链嵌入的质量效应研究还需要关注以下两个方面：一是企业是否因全面嵌入 GVC 而带来产品质量的相应变动差异。二是关注企业参与 GVC 对企业出口质量的影响是否因 FVAR 的不同而发生改变。鉴于此，我们采用奥尔西尼和李（Orsini & Li，2012）的医学实验分组思路，将 GVC 全面嵌入型企业与非全面嵌入型企业作为实验组和对照组，并依据 FVAR 指标划分为多个区间，对样本中的企业进行"剂量—反应关系 Meta 分析①"，这种处理的优势在于可以同时对上述问题进行考查，由此估计 GVC 嵌入的不同所引起的出口质量效应差异。Meta 分析结果见图 5 – 2，根据 95% 置信区间和剂量反应曲线的趋势图，很容易发现倒"U"型非线性关系能较好拟合大部分企业 GVC 嵌入与出口质量间的关系，即 GVC 嵌入对企业"质量"的提升只适用于一定的嵌入区间范围内，一旦超过这个区间，这一提升效应将逆转为抑制效应，这与前面关于倒"U"型关系的结论基本一致。

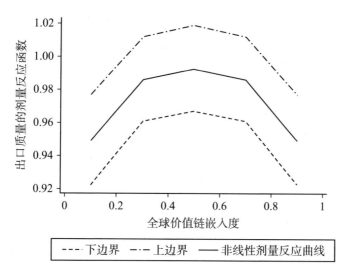

图 5 – 2　GVC 嵌入与出口质量的剂量反应关系

注：图中上边界和下边界分别代表上、下 95% 的置信区间。

5.3　价值链嵌入与出口质量之间的影响机制分析

基于质量内生模型中质量的决定因素，本书认为企业 GVC 嵌入可能通过中间品效应、竞争效应和市场效应来影响出口产品质量。中间品效应

---

① 流行病学研究中，通常需要了解某种干预水平的变化与结局指标发生风险的潜在关系，这种关系即"剂量—反应关系"。观察性研究的大样本量能为"剂量—反应关系"模型提供足够的统计效能。

r1

由企业中间品进口额多少的质量影响来刻画；竞争效应反映企业嵌入位置高低所引起的质量影响差异；市场效应则以企业出口目标市场是否为发达国家衡量质量影响的差异。根据王等（Wang et al.，2013）的 WWZ 分解框架，对世界投入产出表（ICIO）进行分解后测算得到中国各行业 GVC 上游度指数。上游度越高，意味着行业 GVC 地位越高，在此以上游度体现行业竞争力。为此，设定计量模型如下：

$$\text{quality}_{ft} = \beta_0 + \beta_1 \text{fvar}_{fit} + \beta_2 \text{fvar}_{fit} \times \text{Path}_s + \beta_3 \text{Path}_s + \beta_4 \ln(k_{ft}/l_{ft})$$
$$+ \beta_5 X_{ft} + \mu_f + \mu_i + \mu_p + \mu_t + \varepsilon_{fipt} \quad (5-1)$$

其中，s 表示 3 种不同的机制效应，s 取值为 1、2 和 3，其依次代表中间品效应、竞争效应和市场效应（吕越等，2017；王玉燕等，2014）。结果如表 5-2 所示。首先，根据回归结果中列（1）至列（4）的不同机制分别讨论。从各机制下交乘项的系数来看，竞争效应（机制 2）有利于企业在嵌入 GVC 的过程中强化 GVC 嵌入对出口质量的提升作用。本部分的实证研究并未发现中间品进口（机制 1）和发达国家大市场（机制 3）在中国企业嵌入 GVC 的过程中对出口质量产生显著的提升作用。可能的解释在于：尽管我国是中间品进口大国，但是低端原料进口或许产生了 GVC 锁定效应；与发达国家的贸易并未带来"以市场换技术"的积极效果，发达国家公司可能通过合同等壁垒锁定中国企业的质量提升之路。将这 3 种机制同时纳入讨论，回归结果见表 5-2 列（4），也发现只有竞争效应对出口质量的提升有促进作用。这就意味着：一方面，中国企业在 GVC 嵌入过程中仍需不断提升其 GVC 地位，以强化 GVC 嵌入对出口质量的提升作用；另一方面，需不断优化中间品进口结构，并反思"以出口市场换技术"策略，从而挖掘中间品效应和大市场效应的促进作用。控制变量系数和显著性说明了核心结论的稳健性。

表 5-2　　　　　价值链嵌入对出口质量的影响机制

被解释变量	(1)	(2)	(3)	(4)
	机制 1	机制 2	机制 3	机制 1~3
价值链嵌入	0.0519 *** (2.9495)	-0.0082 (-0.4543)	0.0481 *** (11.4050)	-0.0295 (-1.0096)
价值链嵌入× 进口中间品	-0.0016 (-1.3384)			-0.0008 (-0.5510)

续表

被解释变量	（1）	（2）	（3）	（4）
	机制 1	机制 2	机制 3	机制 1 ~ 3
进口中间品	0.0015 *** (3.4832)			0.0012 *** (2.5844)
价值链嵌入 × 上游度		0.0193 *** (2.9053)		0.0283 *** (3.7535)
上游度		0.0039 (1.1154)		0.0097 ** (2.1272)
价值链嵌入 × 发达国家			− 0.0118 ** （ − 2.2630）	− 0.0097 （ − 1.4827）
发达国家			0.0042 ** (2.3131)	0.0036 (1.4501)
企业规模	− 0.0128 *** （ − 14.2488）	− 0.0142 *** （ − 19.9655）	− 0.0113 *** （ − 19.1742）	− 0.0154 *** （ − 14.8941）
企业年龄	0.0005 (0.1623)	0.0093 *** (3.1354)	0.0037 * (1.8177)	0.0064 (1.3211)
年龄平方	− 0.0005 （ − 0.5146）	− 0.0023 *** （ − 2.9982）	− 0.0011 ** （ − 2.0230）	− 0.0013 （ − 1.0639）
要素密集度	0.0029 *** (8.1486)	0.0026 *** (9.2552)	0.0032 *** (13.4712)	0.0022 *** (5.4423)
融资约束	− 0.0028 （ − 1.5613）	− 0.0030 ** （ − 2.2737）	− 0.0021 *** （ − 2.5765）	− 0.0056 * （ − 1.8835）
企业创新	− 0.0003 （ − 0.2821）	0.0015 * (1.9165)	0.0011 (1.5708)	0.0001 (0.0557)
企业投资	0.0006 (1.3956)	0.0010 *** (3.0680)	0.0004 (1.3675)	0.0010 ** (2.3438)
关税	0.0004 (0.6782)	− 0.0018 *** （ − 3.2798）	− 0.0018 *** （ − 3.7664）	0.0004 (0.5787)
企业存货	0.0008 *** (2.7351)	0.0008 *** (3.1200)	0.0007 *** (3.3991)	0.0010 *** (2.8158)

被解释变量	(1)	(2)	(3)	(4)
	机制1	机制2	机制3	机制1~3
赫芬达尔指数	0.0001 (0.1861)	0.0003 (0.4740)	0.0008 (1.5611)	-0.0001 (-0.0920)
省份固定效应	Yes	Yes	Yes	Yes
行业固定效应	Yes	Yes	Yes	Yes
企业固定效应	Yes	Yes	Yes	Yes
年份固定效应	Yes	Yes	Yes	Yes
N	168268	253076	345071	128260
adj. R^2	0.654	0.665	0.654	0.669
F	35.4504	63.5912	71.8328	26.5978
Prob > F	0.0000	0.0000	0.0000	0.0000

注：括号内是系数的 t 值，*、**、***分别表示在10%、5%及1%的显著性水平上显著；所有回归系数的标准误均在企业—行业—省份—年份层面上进行 cluster 处理；若未标注质量的测算方法，默认为供给需求法，其他图、表类同。

5.4 价值链嵌入对出口质量的影响因素分析

本部分对企业在嵌入 GVC 过程中的各影响因素所产生效果分别检验，为此，设定计量模型如下：

$$quality_{ft} = \beta_0 + \beta_1 fvar_{fit} + \beta_2 fvar_{fit} \times Factor_m + \beta_3 Factor_m + \beta_4 \ln(k_{ft}/l_{ft})$$
$$+ \beta_5 X_{ft} + \mu_f + \mu_i + \mu_p + \mu_t + \varepsilon_{fipt} \qquad (5-2)$$

类似的，m 表示7种不同的影响因素，当 m 取值范围为[1,7]，依次代表就业因素、生产率因素、创新因素、人均资本因素、融资约束因素、投资因素和存货因素，结果如表5-3所示。分情形考察结果分别如列（1）至列（7）所示，从整体上看，大部分因素通过 GVC 嵌入显著正向影响企业出口质量的变动。根据交互项报告，可以发现各个因素在其调节路径下发挥着不同作用。在将所有影响因素同时纳入回归后，可以发现不同作用路径下的影响在整体上发生一定变化，但各个因素的单独影响始终存在。

表5-3 价值链嵌入对出口质量的影响因素分析

被解释变量	(1) 因素1	(2) 因素2	(3) 因素3	(4) 因素4	(5) 因素5	(6) 因素6	(7) 因素7	(8) 因素1~7
价值链嵌入	0.0036 (0.27)	0.0304*** (6.28)	-0.0003 (-0.02)	0.0298*** (4.54)	0.0420*** (12.54)	-0.0236 (-1.64)	0.0005 (0.06)	-0.0888*** (-4.57)
价值链嵌入×企业规模	0.0071*** (2.92)							0.0062** (2.22)
企业规模	-0.0135*** (-14.03)							-0.0050*** (-4.67)
价值链嵌入×生产率		-0.0010 (-0.24)						-0.0023 (-0.53)
生产率		0.0468*** (27.72)						0.0472*** (26.50)
价值链嵌入×企业创新			0.0066*** (4.05)					0.0046*** (2.73)
企业创新			-0.0011 (-1.23)					-0.0007 (-0.81)
价值链嵌入×要素密集度				0.0035** (2.09)				0.0027 (1.47)

续表

被解释变量	(1) 因素 1	(2) 因素 2	(3) 因素 3	(4) 因素 4	(5) 因素 5	(6) 因素 6	(7) 因素 7	(8) 因素 1~7
要素密集度				0.0021*** (3.66)				0.0020*** (3.23)
价值链嵌入 × 融资约束					0.0105 (1.37)			0.0086 (1.12)
融资约束					-0.0055** (-2.14)			-0.0054** (-2.04)
价值链嵌入 × 企业投资						0.0072*** (4.64)		0.0034* (1.87)
企业投资						0.0004 (1.37)		-0.0007 (-1.14)
价值链嵌入 × 企业存货							0.0053*** (5.22)	0.0022** (2.08)
企业存货							0.0007*** (3.39)	-0.0004 (-0.89)
企业规模	-0.0135*** (-14.03)	-0.0031*** (-5.11)	-0.0113*** (-19.10)	-0.0113*** (-19.10)	-0.0113*** (-19.15)	-0.0113*** (-19.09)	-0.0113*** (-19.22)	-0.0050*** (-4.67)

续表

被解释变量	(1) 因素 1	(2) 因素 2	(3) 因素 3	(4) 因素 4	(5) 因素 5	(6) 因素 6	(7) 因素 7	(8) 因素 1~7
企业年龄	0.0034* (1.71)	0.0043** (2.15)	0.0037* (1.81)	0.0036* (1.78)	0.0037* (1.81)	0.0036* (1.77)	0.0035* (1.75)	0.0040** (1.99)
年龄平方	-0.0011* (-1.95)	-0.0010* (-1.73)	-0.0011** (-2.01)	-0.0011** (-1.98)	-0.0011** (-2.02)	-0.0011** (-1.99)	-0.0011** (-1.98)	-0.0009 (-1.62)
要素密集度	0.0032*** (13.44)	0.0028*** (12.01)	0.0032*** (13.45)	0.0021*** (3.66)	0.0032*** (13.45)	0.0032*** (13.44)	0.0032*** (13.40)	0.0020*** (3.23)
融资约束	-0.0021** (-2.57)	-0.0026*** (-3.01)	-0.0021** (-2.57)	-0.0021** (-2.56)	-0.0055** (-2.14)	-0.0021** (-2.57)	-0.0021** (-2.60)	-0.0054** (-2.04)
企业创新	0.0011 (1.60)	0.0008 (1.14)	-0.0011 (-1.23)	0.0011 (1.56)	0.0011 (1.57)	0.0011 (1.55)	0.0011 (1.58)	-0.0007 (-0.81)
企业投资	0.0004 (1.35)	0.0003 (1.24)	0.0004 (1.36)	0.0004 (1.35)	0.0004 (1.37)	-0.0019*** (-3.34)	0.0004 (1.37)	-0.0007 (-1.14)
关税	-0.0018*** (-3.75)	-0.0020*** (-4.08)	-0.0018*** (-3.77)	-0.0018*** (-3.75)	-0.0018*** (-3.75)	-0.0018*** (-3.76)	-0.0018*** (-3.74)	-0.0020*** (-4.10)
企业存货	0.0007*** (3.42)	0.0004* (1.68)	0.0007*** (3.41)	0.0007*** (3.40)	0.0007*** (3.39)	0.0007*** (3.50)	-0.0010*** (-2.58)	-0.0004 (-0.89)

续表

被解释变量	(1)	(2)	(3)	(4)	(5)	(6)	(7)	(8)
	因素 1	因素 2	因素 3	因素 4	因素 5	因素 6	因素 7	因素 1~7
赫芬达尔指数	0.0007 (1.52)	0.0009* (1.78)	0.0008* (1.68)	0.0008 (1.58)	0.0008 (1.53)	0.0008 (1.63)	0.0008 (1.58)	0.0010** (1.97)
省份效应	Yes	Yes	Yes	Yes	Yes	Yes	Yes	Yes
行业效应	Yes	Yes	Yes	Yes	Yes	Yes	Yes	Yes
企业效应	Yes	Yes	Yes	Yes	Yes	Yes	Yes	Yes
年份效应	Yes	Yes	Yes	Yes	Yes	Yes	Yes	Yes
N	345071	344575	345071	345071	345071	345071	345071	344575
adj. R^2	0.654	0.659	0.654	0.654	0.654	0.654	0.654	0.659
F 统计量	77.77	241.19	78.19	77.43	77.48	78.63	79.31	167.61
Prob > F	0.0000	0.0000	0.0000	0.0000	0.0000	0.0000	0.0000	0.0000

注: 括号内是系数的 t 值, *、**、*** 分别表示在 10%、5% 及 1% 的显著性水平上显著; 所有回归系数的标准误均在企业一行业一省份一年份层面上进行 cluster 处理, 默认为供给需求法, 若未标注质量的测算方法, 其他图、表类同。

第6章 企业GVC嵌入对产品质量影响的稳健性检验

6.1 出口产品质量的其他衡量

借鉴曼图亚等（Manova et al.，2012）采用单位价值法将产品价格代替产品质量的思路，本书以出口价格近似替代出口质量。类似于出口质量的处理方法，这里同样将产品层面的产品价格加总至企业层面。以企业层面产品出口价格作为被解释变量的估计结果汇报于表 6 - 1 的列（1）[①]，与前面的主要结论相比，除各系数显著性有一定变化外，系数正负性并没有发生改变。

表 6 - 1   稳健性检验结果 I

被解释变量	（1）	（2）	（3）	（4）
	单位价值法	供给需求法		
	FVAR1	FVAR2（10%）	FVAR2（10%）均值	2SLS
价值链嵌入	0.0344 *** (9.4890)	0.0717 *** (8.8946)	0.4985 * (1.8562)	0.3973 *** (3.0757)
价值链嵌入平方	− 0.0012 (− 0.2754)	− 0.0453 *** (− 6.5894)	− 0.2083 (− 0.9727)	− 0.3147 ** (− 2.5241)

---

① 表 6 - 1 的稳健性检验用于对价值链嵌入影响企业出口质量的考察，表 6 - 2 的稳健性检验分别对应于在各作用机制下，各变量与企业价值链嵌入的交互效应考察。

续表

被解释变量	（1） 单位价值法 FVAR1	（2） 供给需求法 FVAR2 （10%）	（3） FVAR2（10%） 均值	（4） 2SLS
Kleibergen – Paap rk LM 统计量	—	—	—	577. 347***
Kleibergen – Paap rk Wald F 统计量	—	—	—	307. 762***
Hansen J 统计量	—	—	—	36. 593***
Wald 统计量	—	—	—	656. 20***
控制变量	Yes	Yes	Yes	Yes
省份固定效应	Yes	Yes	Yes	No
行业固定效应	Yes	Yes	Yes	No
企业固定效应	No	Yes	No	No
年份固定效应	Yes	Yes	Yes	No
N	380910	345071	379250	144739
adj. R^2	0. 131	0. 654	0. 070	—
F	265. 3048	73. 9484	192. 9668	54. 6821
Prob > F	0. 0000	0. 0000	0. 0000	0. 0000

注：括号内是系数的 t 值，* 、 ** 、 *** 分别表示在 10%、5% 及 1% 的显著性水平上显著；所有回归系数的标准误均在企业—行业—省份—年份层面上进行 cluster 处理；限于篇幅，未对控制变量部分进行汇报，感兴趣者可向作者索取。

6.2　企业价值链嵌入指标的其他衡量

在前面基准回归中，对 FVAR 测算时假定国内原材料含有的国外产品份额为 5%，而库普曼等（2012）对该比例的界定范围为 5% ~ 10%。为检验本书结果是否会因这一假定的变化而发生改变，在此将这一份额设定为 10%，重新对价值链嵌入指标进行测算，并将其作为核心被解释变量的估计结果分别汇报于表 6 - 1 的列（2）和表 6 - 2 的列（1）~列（4）。对比系数及其显著性后发现，本书的主要结论也并不因核心解释变量的不同而发生较大改变。

表 6 - 2 　　　　　　　　　　　稳健性检验结果 II

被解释变量	（1）	（2）	（3）	（4）
	FVAR2 （10%）			
价值链嵌入	0.0302 *** (2.7990)	0.0045 (0.3386)	0.0235 *** (7.6408)	- 0.0107 (- 0.4937)
价值链嵌入 × 进口中间品	- 0.0011 (- 1.2590)			- 0.0013 (- 1.3983)
进口中间品	0.0019 *** (3.4653)			0.0021 *** (3.4115)
价值链嵌入 × 上游度		0.0075 (1.5650)		0.0176 *** (2.8375)
上游度		0.0049 (1.2238)		0.0084 (1.5944)
价值链嵌入 × 发达国家			- 0.0032 (- 0.7479)	- 0.0011 (- 0.1931)
发达国家			0.0023 (0.8724)	0.0010 (0.2726)
控制变量	Yes	Yes	Yes	Yes
省份效应	Yes	Yes	Yes	Yes
行业效应	Yes	Yes	Yes	Yes
企业效应	Yes	Yes	Yes	Yes
年份效应	Yes	Yes	Yes	Yes
N	168268	253076	345071	128260
adj. R^2	0.654	0.665	0.654	0.669
F	33.6293	59.5799	65.4501	25.6262
Prob > F	0.0000	0.0000	0.0000	0.0000

注：括号内是系数的 t 值，*、**、*** 分别表示在 10%、5% 及 1% 的显著性水平上显著；所有回归系数的标准误均在企业—行业—省份—年份层面上进行 cluster 处理；若未标注质量的测算方法，默认为供给需求法，其他图、表类同。

6.3 两阶段最小二乘法回归

前面回归中通过控制非观测的企业、行业、省份与年份固定效应可以一定程度上减缓一些不可观测因素的遗漏所引起的内生性。为稳健起见，本书采用 2SLS 来处理潜在的内生性问题。借鉴既有文献的做法，取变量的滞后一期作为工具变量。根据表 6 – 1 的列（4）报告了 2SLS 的回归结果，本书的核心结论依然稳健。

基于陈云松（2012）关于来自"分析上层"的思路继续寻找工具变量，本书进一步以 UIBE 数据库中行业层面的价值链指标，以及经过企业层面集聚后计算所得的城市层面价值链嵌入指标，分别作为企业层面 GVC 指标的工具变量。行业 GVC 前向长度、城市层面 GVC 嵌入度与企业 GVC 嵌入度相关，满足 Ⅳ 相关性假设。它们通过企业 GVC 嵌入度影响企业出口质量，满足 Ⅳ 排他性假设。根据表 6 – 3 可发现，价值链嵌入与出口质量间的倒"U"型关系始终存在。

表 6 – 3　　　　　　　　　稳健性检验结果Ⅲ

被解释变量	(1)	(2)	(3)	(4)	(5)
	行业层面Ⅳ		城市层面Ⅳ		
	GVC 前向长度（Ⅳ）+ FVAR2（5%）	GVC 前向长度（Ⅳ）+ FVAR2（10%）	FVAR1（Ⅳ）+ FVAR1	城市 FVAR2（Ⅳ）+ FVAR2（10%）	城市 FVAR2（Ⅳ）+ FVAR2（5%）
价值链嵌入	6.5872*** (3.3513)	2.9896*** (3.4998)	14.0562 (0.5021)	3.7459*** (2.9613)	14.8601 (1.4384)
价值链嵌入平方	−6.6000*** (−3.1453)	−1.9173*** (−3.0547)	−27.5898 (−0.5024)	−3.7209** (−2.5631)	−21.1034 (−1.3836)
Kleibergen – Paap rk LM 统计量	4517.638***	3810.959***	2.1e+04***	555.719***	1694.807***
Kleibergen – Paap rk Wald F 值	2241.370***	1914.388***	1.2e+04***	393.941***	1078.107***

续表

被解释变量	（1）	（2）	（3）	（4）	（5）
	行业层面Ⅳ		城市层面Ⅳ		
	GVC 前向长度（Ⅳ）+ FVAR2（5%）	GVC 前向长度（Ⅳ）+ FVAR2（10%）	FVAR1（Ⅳ）+ FVAR1	城市 FVAR2（Ⅳ）+ FVAR2（10%）	城市 FVAR2（Ⅳ）+ FVAR2（5%）
Hansen J 统计量	21. 553 ***	12. 886 ***	0. 047	118. 213 ***	34. 009 ***
控制变量	Yes	Yes	Yes	Yes	Yes
省份固定效应	No	No	No	No	No
行业固定效应	No	No	No	No	No
企业固定效应	No	No	No	No	No
年份固定效应	No	No	No	No	No
N	276630	276729	378178	367124	367124
F	173. 8845	169. 8627	188. 6818	161. 5271	184. 1088
Prob > F	0. 0000	0. 0000	0. 0000	0. 0000	0. 0000

注：括号内是系数的 t 值，＊、＊＊、＊＊＊分别表示在 10%、5% 及 1% 的显著性水平上显著；Ⅳ估计时，R^2 没有太大意义，通常不报告；所有回归系数的标准误均在企业—行业—省份—年份层面上进行 cluster 处理；若未标注质量的测算方法，默认为供给需求法，其他图、表类同。

在表 6 - 1 列（4）和表 6 - 3 中还分别汇报了工具变量有效性的检验结果：第一，Kleibergen - Paap rk LM 统计量均在 1% 的水平上拒绝了"工具变量识别不足"的原假设；第二，Kleibergen - Paap rk Wald F 统计量也都在 1% 的水平生拒绝了"工具变量为弱识别"的原假设。第三，除表 6 - 3 列（3）外，Hansen J 统计量也基本显著拒绝了"工具变量无效"的原假设。因此，本书对于工具变量的选取是基本有效的，而以工具变量为基础的 2SLS 估计结果也是稳健的。

6.4　外生冲击下价值链嵌入对出口质量影响再检验：多期 DID 模型

本书已使用多重固定效应面板、工具变量法等处理了内生性问题。为谨慎起见，在此部分利用 2008 年金融危机的外生冲击构造 DID 模型，考察价值链嵌入对企业出口质量的影响是否因金融危机而改变。企业出口质量受价值链嵌入等因素影响，而金融危机可能影响企业价值链重塑，由此用价值链嵌入度作为 DID 模型的连续型分组变量。在 2008 年后，企业出口行为不断调整，出口增加值也会相应有较大改变。因而在此采用多期 DID 模型，以考察金融危机冲击下，价值链嵌入对出口质量的影响是否可能不同。如果在金融危机前后此类影响存在差异，则说明金融危机冲击是存在的，且企业出口质量也确实受到价值链嵌入的影响。为匹配 DID 模型的结构，针对研究数据结构，此处因变量为企业出口质量。考虑到金融危机对各个企业真实冲击时点可能并不统一，所以本书不能按照传统 DID 方法进行平行趋势检验，而是引入以下方程：

$$q\&\Delta_{ft} = \beta_0 + fvar_{fit} \sum_{t=2000}^{2011} \gamma_t D_t + \sum_{w=1}^{n} \beta_w X'_{fipt} + \mu_f + \mu_i + \mu_p + \mu_t + \varepsilon_{fipt}$$

$$(6-1)$$

其中，$q\&\Delta$ 分别表示供给需求侧法下出口质量 qaex、需求侧法下出口质量 qbex、单位价值法下出口质量 qcex、全面嵌入型企业出口质量 mhgvc、非全面嵌入型企业出口质量 mvgvc；fvar 表示 GVC 嵌入度，X'_{fipt} 为控制变量，μ_f、μ_i、μ_p、μ_t 分别表示企业、行业、省份和时间固定效应，ε_{fipt} 为随机误差项；在此，本书更为关注的是政策冲击下净效应 γ_t 的变化，$fvar_{fit}$ 为表示价值链嵌入的连续型分组变量，D_t 为年度虚拟变量；例如 D_{2008} 表示 2008 年为 1，其余年份为 0。

表 6-4 汇报了多期 DID 模型 I 的回归结果。为了更直观地观察 γ_t 的动态异质性，用 Stata 软件提取不同年度的 γ_t 及其置信区间，见图 6-1。图 6-1 上图为因变量为供给需求法测算的出口质量，从 2000~2008 年，γ_t 的置信区间均包括 0，即 γ_t 不异于 0，平行趋势得到满足；而从 2008~2011 年，γ_t 绝大部分都显著不为 0，金融危机冲击条件下价值链嵌入对出口质量的影响呈现先降后升的动态，这与外生冲击的影响随年度逐步弱化有关。图 6-1 中图和下图为需求侧和单位价值法下出口质量情形，从 2000 年到 2008 年，γ_t 的置信区间也均大部分包括 0；在 2008 年之后，需求侧出口质量组的 γ_t 呈现总体先下降后上升趋势，单位价值法下出口质量组的 γ_t 呈现持续下降状态。这说明，价值链嵌入与不同测算体下的出口质量的关系的确会受到外生冲击的影响。

表 6 - 4　　　　　外生冲击下价值链嵌入对不同测算体系下出口
质量影响的估计：多期 DID 模型 I

被解释变量	（1）	（2）	（3）
	供给需求法	需求回推法	单位价值法
价值链嵌入 × _2000	0.0446 *** （4.0312）	0.0378 *** （7.8043）	0.0098 ** （2.0739）
价值链嵌入 × _2001	0.0414 *** （4.4032）	0.0256 *** （6.0820）	0.0037 （0.9396）
价值链嵌入 × _2002	0.0485 *** （5.7136）	0.0225 *** （5.8143）	0.0048 （1.3516）
价值链嵌入 × _2003	0.0763 *** （9.3838）	0.0223 *** （6.2149）	0.0067 * （1.8723）
价值链嵌入 × _2004	0.0841 *** （9.1000）	0.0194 *** （5.0146）	− 0.0051 （− 1.3160）
价值链嵌入 × _2005	0.0408 *** （5.8268）	0.0193 *** （6.6209）	− 0.0056 * （− 1.8905）
价值链嵌入 × _2006	0.0377 *** （5.3255）	0.0150 *** （4.6099）	− 0.0118 *** （− 3.4265）
价值链嵌入 × _2007	0.0219 ** （2.4678）	0.0147 *** （3.5386）	− 0.0015 （− 0.3536）
价值链嵌入 × _2008	0.0023 （0.2293）	− 0.0060 （− 1.1903）	− 0.0123 ** （− 2.5519）
价值链嵌入 × _2009	− 0.0007 （− 0.0922）	− 0.0075 * （− 1.7667）	− 0.0234 *** （− 5.5802）
价值链嵌入 × _2010	0.0499 *** （4.5025）	− 0.0542 *** （− 8.4899）	− 0.0310 *** （− 4.5872）
价值链嵌入 × _2011	0.1741 *** （7.4738）	− 0.0361 *** （− 2.7715）	− 0.0306 ** （− 2.3063）
控制变量	Yes	Yes	Yes

续表

被解释变量	(1)	(2)	(3)
	供给需求法	需求回推法	单位价值法
省份固定效应	Yes	Yes	Yes
行业固定效应	Yes	Yes	Yes
企业固定效应	Yes	Yes	Yes
年份固定效应	Yes	Yes	Yes
N	345158	346680	346493
adj. R^2	0.655	0.665	0.722
F	47.0285	47.3688	25.4234
Prob > F	0.0000	0.0000	0.0000

注：括号内是系数的 t 值，＊、＊＊、＊＊＊分别表示在10%、5%及1%的显著性水平上显著；所有回归系数的标准误均在企业—行业—省份—年份层面上进行 cluster 处理。

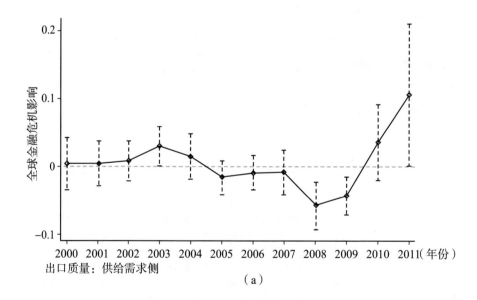

（a）

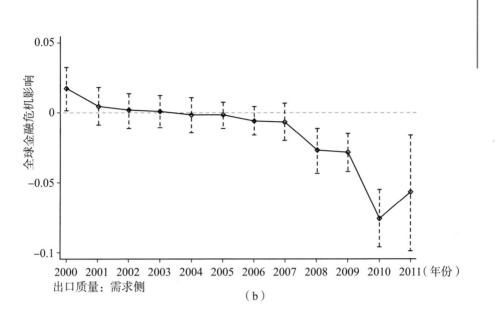

出口质量：需求侧

（b）

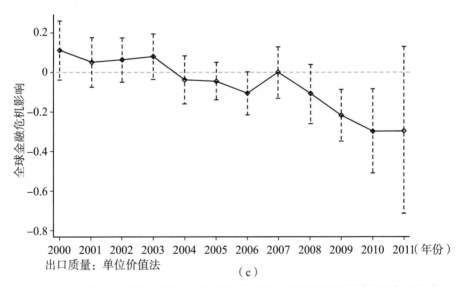

出口质量：单位价值法

（c）

图 6-1 外生冲击下价值链嵌入对不同测算下出口质量影响显著性的分年度检验

资料来源：Stata 软件提取系数和置信区间后绘制。

表 6-5 　　　　　外生冲击下价值链嵌入对不同嵌入类型企业出口
质量影响的估计：多期 DID 模型 II

被解释变量	（1）	（2）	（3）
	全样本企业	全面嵌入型企业	非全面嵌入型企业
价值链嵌入 ×_2000	0.0446*** (4.0312)	0.0645*** (4.6294)	-0.0095 (-0.4737)
价值链嵌入 ×_2001	0.0414*** (4.4032)	0.0505*** (4.1379)	0.0163 (1.0036)
价值链嵌入 ×_2002	0.0485*** (5.7136)	0.0596*** (5.4684)	0.0206 (1.4355)
价值链嵌入 ×_2003	0.0763*** (9.3838)	0.0754*** (6.9393)	0.0511*** (3.8509)
价值链嵌入 ×_2004	0.0841*** (9.1000)	0.0772*** (6.3978)	0.0318** (2.1355)
价值链嵌入 ×_2005	0.0408*** (5.8268)	0.0431*** (4.7102)	0.0004 (0.0376)
价值链嵌入 ×_2006	0.0377*** (5.3255)	0.0482*** (5.0717)	0.0011 (0.0924)
价值链嵌入 ×_2007	0.0219** (2.4678)	0.0366*** (3.0036)	0.0055 (0.3848)
价值链嵌入 ×_2008	0.0023 (0.2293)	-0.0259** (-1.9839)	0.0299* (1.7415)
价值链嵌入 ×_2009	-0.0007 (-0.0922)	-0.0044 (-0.4145)	0.0215 (1.6079)
价值链嵌入 ×_2010	0.0499*** (4.5025)	0.0570** (2.5064)	0.0476*** (3.4269)
价值链嵌入 ×_2011	0.1741*** (7.4738)	0.1345*** (3.3043)	0.1871*** (5.8029)
控制变量	Yes	Yes	Yes
省份固定效应	Yes	Yes	Yes
行业固定效应	Yes	Yes	Yes

续表

被解释变量	(1)	(2)	(3)
	全样本企业	全面嵌入型企业	非全面嵌入型企业
企业固定效应	Yes	Yes	Yes
年份固定效应	Yes	Yes	Yes
N	345158	121515	201773
adj. R^2	0.655	0.668	0.661
F	47.0285	16.7872	22.8804
Prob > F	0.0000	0.0000	0.0000

注：括号内是系数的 t 值，＊、＊＊、＊＊＊分别表示在 10%、5% 及 1% 的显著性水平上显著；所有回归系数的标准误均在企业—行业—省份—年份层面上进行 cluster 处理；若未标注质量的测算方法，默认为供给需求法，其他图、表类同。

表 6 – 5 汇报了多期 DID 模型 II 的回归结果。图 6 – 2 为各嵌入情形下的情况，从 2000 ~ 2008 年，γ_t 的置信区间均包括 0，即 γ_t 不异于 0，平行趋势得到满足；而从 2008 ~ 2011 年，γ_t 绝大部分都显著不为 0，金融危机后 GVC 嵌入对出口质量的影响总体呈上升趋势。在 2010 年与 2011 年，GVC 嵌入对出口质量的影响多正向显著突出，这可能与一系列政策刺激有关。

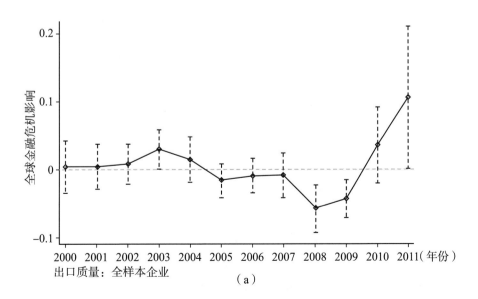

出口质量：全样本企业

(a)

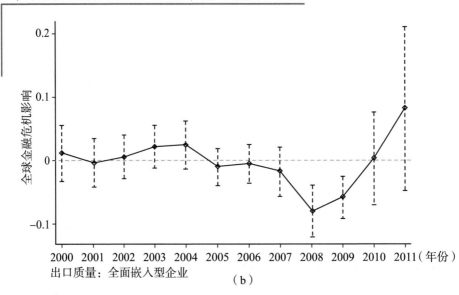

出口质量：全面嵌入型企业　　　　　（b）

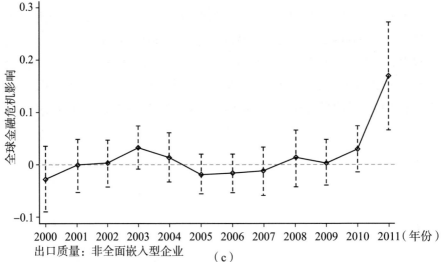

出口质量：非全面嵌入型企业　　　　　（c）

图6-2　外生冲击下价值链嵌入对不同嵌入类型企业出口

质量影响显著性的分年度检验

资料来源：Stata 软件提取系数和置信区间后绘制。

　　企业价值链嵌入对出口质量的影响确实受到金融危机的外生冲击，因企业嵌入价值链方式而不同。不同质量测算方法下，价值链嵌入对出口质量的影响也存在差异。以金融危机作为外生冲击所构建的多期 DID 模型，进一步揭示了价值链嵌入对出口质量影响的存在。

6.5　扩展样本期分析：基于 2000~2013 年工企与海关数据的再次验证

如表 6-6 所示,用单位价值法和需求信息法下的出口质量、剔除异常值、CIC2 位下 FVAR 均值作 IV 的数据加以考察,可发现非线性关系始终存在,说明企业嵌入 GVC 行为有利于出口质量的提升。

表 6-6　　2000~2013 年企业层面价值链嵌入与出口质量的关系验证

被解释变量	(1)	(2)	(3)	(4)
	单位价值法	需求信息法		
	FVAR1	FVAR2	FVAR2 删除异常值	FVAR2 + FVAR2 均值 IV
价值链嵌入	0.0568*** (15.9605)	0.0383*** (12.1047)	0.0415*** (12.5170)	0.0042 (0.0985)
价值链嵌入平方	-0.0276*** (-6.4787)	-0.0295*** (-8.4729)	-0.0361*** (-8.8903)	-0.0522 (-1.0175)
控制变量	Yes	Yes	Yes	Yes
省份固定效应	Yes	Yes	Yes	Yes
行业固定效应	Yes	Yes	Yes	Yes
企业固定效应	No	Yes	Yes	Yes
年份固定效应	Yes	Yes	Yes	Yes
N	484171	455315	455315	455315
adj. R^2	0.121	0.676	0.681	0.676
F	376.7690	74.0369	77.7467	60.7752
Prob > F	0.0000	0.0000	0.0000	0.0000

注:括号内是系数的 t 值, *、**、*** 分别表示在 10%、5% 及 1% 的显著性水平上显著;所有回归系数的标准误均在企业—行业—省份—年份层面上进行 cluster 处理;若未标注质量的测算方法,默认为供给需求法,其他图、表类同。

第7章　企业 GVC 嵌入对产品质量影响的异质性分析

在特征性事实部分，已经表明企业异质性在参与国际分工的过程中会引起出口质量效应的差别，本部分将基于现有文献分别从企业 GVC 嵌入类型、所有制、贸易方式和地区差异等角度进行分析。

7.1　GVC 嵌入类型与价值链嵌入的质量效应

接着比较全面嵌入型企业与非全面嵌入型企业的出口质量变化动态，结果如表 7-1 所示。比较列（1）与列（3）的系数和显著性可以发现，全面嵌入 GVC 为企业带来的质量提升效应最为明显，并且这两类企业中 GVC 嵌入与出口质量间的倒 "U" 型关系在列（2）与列（4）中得到了验证。

表 7-1　　　基于嵌入类型差异的价值链嵌入出口质量效应分析

被解释变量	（1）	（2）	（3）	（4）
	全面嵌入型企业		非全面嵌入型企业	
价值链嵌入	0.0429*** （9.2468）	0.0831*** （5.9986）	0.0259*** （4.8171）	0.1074*** （8.0581）
价值链嵌入平方		-0.0411*** （-3.0967）		-0.0932*** （-6.7348）

续表

被解释变量	（1）	（2）	（3）	（4）
	全面嵌入型企业		非全面嵌入型企业	
控制变量	Yes	Yes	Yes	Yes
省份固定效应	Yes	Yes	Yes	Yes
行业固定效应	Yes	Yes	Yes	Yes
企业固定效应	Yes	Yes	Yes	Yes
年份固定效应	Yes	Yes	Yes	Yes
N	121465	121465	201738	201738
adj. R^2	0.668	0.668	0.661	0.662
F	28.6888	27.1591	41.9484	42.1637
Prob > F	0.0000	0.0000	0.0000	0.0000

注：括号内是系数的 t 值，＊、＊＊、＊＊＊分别表示在 10%、5% 及 1% 的显著性水平上显著；由于在回归中剔除了不符合会计规范的企业信息，此部分企业数量与前文存在细微差别，下同；所有回归系数的标准误均在企业—行业—省份—年份层面上进行 cluster 处理；若未标注质量的测算方法，默认为供给需求法，其他图、表类同。

7.2　所有制与价值链嵌入的质量效应

在此对不同所有制下企业价值链嵌入与企业出口产品质量的关系进行讨论，结果见表 7-2 所示。整体上看，在不同的企业所有制下，企业价值链嵌入与企业出口质量间的倒"U"型关系始终存在；国有企业在质量提升阶段产品质量的持续升级难度相对于合资、外资与民营企业而言更大，民营企业的质量升级难度最小。这说明民营企业是我国未来推动企业出口质量升级的重要推手，我国要实现经济高质量发展就必须进一步激活民间经济活力和提升中小微企业市场地位。

表7-2　基于企业所有制差异的价值链嵌入出口质量效应分析

被解释变量	国有企业		民营企业		外资企业		合资企业	
	(1)	(2)	(3)	(4)	(5)	(6)	(7)	(8)
价值链嵌入	0.0039 (0.2277)	0.1147*** (2.7402)	0.0512*** (5.4110)	0.1198*** (5.6729)	0.0399*** (8.5722)	0.1002*** (7.4797)	0.0224*** (3.6768)	0.0985*** (5.6297)
价值链嵌入平方		-0.1298*** (-2.7836)		-0.0968*** (-3.6891)		-0.0615*** (-4.7897)		-0.0796*** (-4.7107)
控制变量	Yes	Yes	Yes	Yes	Yes	Yes	Yes	Yes
省份固定效应	Yes	Yes	Yes	Yes	Yes	Yes	Yes	Yes
行业固定效应	Yes	Yes	Yes	Yes	Yes	Yes	Yes	Yes
企业固定效应	Yes	Yes	Yes	Yes	Yes	Yes	Yes	Yes
年份固定效应	Yes	Yes	Yes	Yes	Yes	Yes	Yes	Yes
N	17243	17243	127537	127537	110470	110470	89811	89811
adj. R^2	0.600	0.600	0.654	0.654	0.665	0.666	0.652	0.652
F	4.9874	5.1025	24.7598	23.7166	31.8892	31.0014	21.6341	21.7981
Prob > F	0.0000	0.0000	0.0000	0.0000	0.0000	0.0000	0.0000	0.0000

注：括号内是系数的 t 值，*、**、*** 分别表示在10%、5%及1%的显著性水平上显著；所有回归系数的标准误均在企业一行业一省份一年份层面上进行 cluster 处理；若未标注质量的测算方法，默认为供给需求求法，其他图、表类同。

7.3　贸易方式与价值链嵌入的质量效应

在此讨论不同贸易方式下价值链嵌入对出口质量的影响机制，结果如表 7-3 所示。可以发现，在各贸易方式下，GVC 嵌入与出口质量间的倒"U"型关系基本符合；加工贸易的质量提升强度弱于一般贸易和混合贸易。这说明我国加工贸易企业在嵌入 GVC 的过程中，可能只是简单地接单再生产，并不具备研发和创造等环节优势，也可能因此而处于 GVC 的低端环节并被长期锁定；对于加工贸易企业而言，倒"U"型关系并没有一般贸易企业和混合贸易企业显著。这些说明单纯的加工贸易出口不利于我国企业在嵌入 GVC 的过程中实现出口质量升级。

表 7-3　　　基于贸易方式差异的价值链嵌入出口质量效应分析

被解释变量	(1)	(2)	(3)	(4)	(5)	(6)
	一般贸易型企业		加工贸易型企业		混合贸易型企业	
价值链嵌入	0.0378 *** (4.0517)	0.1365 *** (6.6193)	0.0143 (1.2906)	0.0498 (1.3399)	0.0239 *** (5.0176)	0.0875 *** (6.4982)
价值链嵌入平方		−0.1521 *** (−5.2697)		−0.0310 (−1.0024)		−0.0645 *** (−4.9989)
控制变量	Yes	Yes	Yes	Yes	Yes	Yes
省份效应	Yes	Yes	Yes	Yes	Yes	Yes
行业效应	Yes	Yes	Yes	Yes	Yes	Yes
企业效应	Yes	Yes	Yes	Yes	Yes	Yes
年份效应	Yes	Yes	Yes	Yes	Yes	Yes
N	135922	135922	15763	15763	152536	152536
adj. R^2	0.636	0.636	0.744	0.744	0.704	0.704
F	28.9047	28.8746	5.7086	5.2788	29.6962	29.4422
Prob > F	0.0000	0.0000	0.0000	0.0000	0.0000	0.0000

注：括号内是系数的 t 值，*、**、*** 分别表示在 10%、5% 及 1% 的显著性水平上显著；所有回归系数的标准误均在企业—行业—省份—年份层面上进行 cluster 处理；若未标注质量的测算方法，默认为供给需求法，其他图、表类同。

7.4 　地区差异与价值链嵌入的质量效应

企业因所属经济区位不同，会带来企业外部市场环境和经济环境的差异。鉴于此，我们从经济分区和企业所在省份是否沿海来探讨质量效应的异质性。根据表7-4显示，西部的质量提升效应最为明显，中部地区的质量提升效应并不显著。可能的原因在于：西部GVC嵌入的起步最低，故其仍处于质量的提升阶段。GVC嵌入与出口质量在东、西部均具显著倒"U"型特征，但在东北、中部地区不显著，可能是由于这些地区产业结构单一、转型阻力较大，导致其面临质量提升困境。

根据表7-5显示，是否沿海不是影响企业行为的主要因素。而对比倒"U"型关系的阈值可发现，沿海比非沿海地区具更高的质量提升区间（0.78>0.67），即企业拥有的发展空间相对较大。

我国已经先后批复8个国家级城市群①，鉴于此，我们考察城市群差异性是否会影响企业GVC嵌入与出口质量间关系，结果如表7-6所示。倒"U"型关系存在于长江中游、长三角城市群。价值链嵌入了也显著促进了京津冀、中原、珠三角城市群企业的出口质量升级。哈长、关中平原与成渝城市群倒"U"型关系和关键变量系数并不显著，可能是由于产业结构单一、地理区位劣势所致。

7.5 　企业GVC嵌入对出口产品质量影响的研究小结

前述研究通过构建体现GVC嵌入影响的企业出口产品质量决定方程，并基于此进行结构模型分析发现：随着中国企业不断嵌入GVC的纵深，面临的来自发达国家领导企业的低端锁定风险也将愈来愈大。随后的Meta分析、影响机制分析和稳健性建议也证实了一些重要结论。

---

① 截至2018年2月12日，国务院先后共批复了8个国家级城市群，分别是京津冀城市群、长江中游城市群、成渝城市群、哈长城市群、长三角城市群、中原城市群、珠三角城市群和关中平原城市群。

表 7-4　基于地区差异的价值链嵌入出口质量效应分析 I

被解释变量	东部地区		中部地区		西部地区		东北地区	
	(1)	(2)	(3)	(4)	(5)	(6)	(7)	(8)
价值链嵌入	0.0418*** (11.1878)	0.1103*** (10.8367)	0.0198 (1.1760)	0.0570 (1.4990)	0.0669*** (3.8021)	0.1658*** (3.0981)	0.0339** (2.4954)	0.0614 (1.5394)
价值链嵌入平方		-0.0729*** (-7.2010)		-0.0482 (-1.1128)		-0.1058* (-1.9478)		-0.0277 (-0.7412)
控制变量	Yes	Yes	Yes	Yes	Yes	Yes	Yes	Yes
省份固定效应	Yes	Yes	Yes	Yes	Yes	Yes	Yes	Yes
行业固定效应	Yes	Yes	Yes	Yes	Yes	Yes	Yes	Yes
企业固定效应	Yes	Yes	Yes	Yes	Yes	Yes	Yes	Yes
年份固定效应	Yes	Yes	Yes	Yes	Yes	Yes	Yes	Yes
N	286914	286914	17636	17636	15883	15883	17818	17818
adj. R^2	0.658	0.658	0.664	0.664	0.683	0.683	0.614	0.614
F	63.0125	62.0576	7.4530	6.9009	9.1681	8.8291	4.5796	4.2195
Prob>F	0.0000	0.0000	0.0000	0.0000	0.0000	0.0000	0.0000	0.0000

注：括号内是系数的 t 值，*、**、*** 分别表示在 10%、5% 及 1% 的显著性水平上显著；所有回归系数的标准误均在企业一行业一省份一年份层面上进行 cluster 处理，默认为供给需测算方法，其他同。若未标注质量测算方法，其他图、表类同。

表 7 - 5 　基于地区差异的价值链嵌入的出口质量效应分析 II

被解释变量	沿海地区		非沿海地区	
	(1)	(2)	(3)	(4)
价值链嵌入	0.0423 *** (11.6588)	0.1057 *** (10.6156)	0.0425 *** (4.0384)	0.1191 *** (4.4661)
价值链嵌入平方		-0.0670 *** (-6.8179)		-0.0890 *** (-3.1371)
控制变量	Yes	Yes	Yes	Yes
省份效应	Yes	Yes	Yes	Yes
行业效应	Yes	Yes	Yes	Yes
企业效应	Yes	Yes	Yes	Yes
年份效应	Yes	Yes	Yes	Yes
N	297782	297782	42054	42054
adj. R^2	0.658	0.658	0.645	0.645
F	66.4049	64.5483	13.8978	13.5930
Prob > F	0.0000	0.0000	0.0000	0.0000

注：括号内是系数的 t 值，*、**、*** 分别表示在 10%、5% 及 1% 的显著性水平上显著；所有回归系数的标准误均在企业—行业—省份—年份层面上进行 cluster 处理；若未标注质量的测算方法，默认为供给需求法，其他图、其他表、表类同。

表 7 - 6　基于城市群差异的价值链嵌入出口质量效应分析

被解释变量	(1) 京津冀	(2) 长江中游	(3) 成渝	(4) 哈长	(5) 长三角	(6) 中原	(7) 珠三角	(8) 关中平原
价值链嵌入	0.1104** (2.1913)	0.1104*** (3.2947)	0.0532 (0.4836)	0.1507 (1.1333)	0.1246*** (6.8262)	0.1538** (2.1312)	0.0616*** (2.8840)	0.0539 (0.2744)
价值链嵌入平方	-0.0809 (-1.6137)	-0.0844** (-2.5271)	0.0208 (0.1805)	-0.2199 (-1.4541)	-0.0770*** (-4.3987)	-0.1142 (-1.3821)	-0.0290 (-1.3341)	-0.0645 (-0.3540)
控制变量	Yes	Yes	Yes	Yes	Yes	Yes	Yes	Yes
省份固定效应	Yes	Yes	Yes	Yes	Yes	Yes	Yes	Yes
行业固定效应	Yes	Yes	Yes	Yes	Yes	Yes	Yes	Yes
企业固定效应	Yes	Yes	Yes	Yes	Yes	Yes	Yes	Yes
年份固定效应	Yes	Yes	Yes	Yes	Yes	Yes	Yes	Yes
N	12996	15268	4195	2207	153600	5746	43544	1136
adj. R^2	0.610	0.645	0.683	0.582	0.645	0.616	0.730	0.594
F	3.3302	4.7063	4.4239	1.8462	37.3989	2.3608	9.0445	1.9075
Prob > F	0.0001	0.0000	0.0000	0.0365	0.0000	0.0050	0.0000	0.0298

注：括号内是系数的 t 值，*，**，*** 分别表示在 10%，5% 及 1% 的显著性水平上显著；所有回归系数的标准误均在企业一行业一省份一年份层面上进行 cluster 处理，默认为供给需求方法，若未标注质量的测算方法，其他图，表类同。

第一，中国企业 GVC 嵌入与出口质量间存在倒"U"型关系，大多数中国企业尚处于出口质量提升区间，出口质量整体呈波动上升趋势。第二，在嵌入 GVC 过程中，中国企业通过竞争效应促进了出口质量提升，但是中间品效应和大市场效应未能起到期望的质量提升作用。尽管中国是中间品进口大国，但低端原料进口或许产生了 GVC 锁定效应；与发达国家的贸易并未带来"以市场换技术"的效果，而发达国家企业通过技术壁垒锁定了中国企业质量提升之路。第三，企业在嵌入 GVC 的过程中应注重生产率、产品创新与研发、投资和人均资本的提升，通过积极参与市场竞争来倒逼企业质量升级，同时也应克服融资约束等问题。企业在嵌入 GVC 的过程中也需发挥质量优势，而非规模优势。第四，GVC 嵌入对出口质量的影响存在异质性：（1）从嵌入类型看，全面嵌入 GVC 为企业带来的质量提升效应最为明显。（2）从所有制看，相对于合资企业与外资企业，国有企业在 GVC 嵌入过程中的持续升级难度更大，民营企业则具有更高的质量升级动能，外资企业的质量升级难度最小。（3）从贸易方式看，加工贸易的质量提升效应要低于一般贸易和混合贸易。（4）从区域差异看，沿海地区质量持续升级能力较大，西部地区具较强出口质量提升潜力；由于产业结构单一、转型阻力较大，中部、东北地区面临质量提升困境。价值链嵌入显著促进了长江中游、长三角、京津冀、中原、珠三角企业的出口质量升级；由于产业结构单一、地理区位劣势，关中与成渝城市群企业未能在 GVC 嵌入过程中呈现质量升级趋势。

前述研究结论具有如下启示：第一，中国企业在不断嵌入 GVC 纵深的过程中，需密切关注其质量提升之路上可能面临的发达国家领导企业施加的低端锁定风险，并通过增强自主研发能力以对冲此类风险。第二，通过优化进口中间品结构以提高进口中间品质量和多样性，帮助摆脱低端原料进口所带来的低端锁定困境。第三，中国应反思和改革"以出口市场换技术"的策略，帮助企业在国际市场上由价格竞争走向质量竞争。第四，完善所有制改革，摒弃"大而全"思想，增强国有企业的竞争意识和市场意识，帮助民营企业克服融资约束，充分调动各类经营主体的积极性，激活其市场活力。第五，通过高铁、无线网络宽带等基础设施建设，帮助区位不占优势地区增强与中国经济发达地区的市场联系，并打破地区分割、改变产业结构单一痼疾，形成全国统一大市场，从而推动更多的中国企业在嵌入 GVC 过程中，全面提升出口产品质量。

第8章 外部收入冲击、质量差异与出口之间的因果关系研究

8.1 外部收入冲击、质量差异与出口之间因果关系的理论述评

在加入 WTO 后，中国出口经历了一个持续而漫长高峰期。2008 年的全球金融危机却给中国的出口带来巨大挑战。在危机最严重的 2009 年，中国出口下降幅度高达 18.29%。在金融危机时期，一些现象引起了学者们的注意：以销售低廉货品著称的美国知名连锁零售巨头"多来店"（Dollar General），在 2009 年 8 月申请了高达 7.5 亿美元的公开募集（Hamstra，2009）；美国消费者在葡萄酒上的平均购买价格持续走低（Veseth，2008；Thornton，2013）。种种现象显示：在逆向收入冲击影响下，消费者对产品的需求结构逐渐发生变化，居民对高质量产品的消费开始向低质量产品转移。贝姆斯等（Bems et al. , 2016）发现在大萧条时期，拉脱维亚居民的进口消费下降了 26%，居民消费需求逐渐转移到单位价值较低的国内产品上。因此本书提出以下假设论点，即由于金融危机下的外部逆向收入冲击，以质量高低进行划分的不同产品出口会有不同表现。本书的边际贡献在于就金融危机对质量构成不同的出口贸易的影响进行实证检验。

在国际贸易学领域，对出口贸易的研究已从国家宏观层面推进到企业与产品的微观视角（Melitz，2003），这为本书的研究奠定了坚实的理论基础。高质量产品比低质量产品具更高收入需求弹性（Bils 等，2001），因而可预期这样的情景：金融危机引发的外部逆向收入冲击会导致高质量产品出口更大下滑。法吉尔保姆等（Fajgelbaum et al. , 2011）发展了一个理

论模型：具异质性收入的消费者会有异质性偏好，会根据产品质量差异选择购买商品；当收入下降时，高质量产品的购买会下降。法吉尔保姆等（2011）的理论模型与本书预期情景基本一致，即危机期间的高质量产品出口会大幅下降。我们发现，将产品质量纳入出口贸易变化分析中的相关研究还比较少。参照法吉尔保姆等（2011）提出的理论分析框架，本书利用高度细化的海关进出口贸易数据，基于金融危机这一自然实验框架，以产品质量维度作为实验对照的衡量，采用双重差分法估计和检验外部收入冲击对我国出口需求的异质性影响。本书也估计了不同贸易方式、规模、性质的企业，不同地区企业，典型国家或经济体在质量维度上对中国出口需求的差异表现。这些可能为我国现实地选择出口贸易方式、国别政策、国际贸易地理方向等提供一些政策参考。

林德（1961）发现一国居民的需求偏好取决于该国居民的收入水平，收入水平越高，对产品质量的要求就越高，生产的产品质量也就越高。因此，在国际市场上，出口贸易往往发生在收入水平相近、需求偏好相近的国家中。该理论被后来的学者们称为林德假说（Linder hypothesis）[①]，大批经济学家为此进行了广泛论证。胡梅尔斯等（2005）、阿拉等（2006）均通过实证检验发现，一国产品单位价值或质量与该国人均收入水平成正比，在国家规模相近的前提下，富国出口产品单位价值更高，产品质量也相对更高。法吉尔保姆等（2011）将质量纳入国际贸易研究领域中，发现在负向收入冲击作用下，消费或出口变化具质量维度上的差异。金融危机下的逆向收入冲击会促使消费者降低对产品质量的要求（Jaimovich et al.，2015），美国消费者将更多收入比例用于购买低价零售商品中（Coibion et al.，2015）。阿根廷21世纪初货币贬值时期的历史证据也证实了这一现象（Burstein et al.，2013）。种种现象表明收入冲击对不同质量下的产品消费具异质性影响，比尔斯（Bils et al.，2001）发现这是由不同收入条件下的质量需求弹性异质性所致，即存在"质量恩格尔曲线"效应。迈略等（Maing et al.，2014）在研究俄罗斯食品消费问题时发现，随着收入提高，居民消费往往变得既"多"又"好"，不仅存在"质量恩格尔曲线"效应，还存在"数量恩格尔曲线"效应，前者的影响明显超过后者。

在关于外部收入冲击对产品出口影响的实证研究方面，从产品质量维

---

① 也被称为重叠需求理论。

度差异上进行经验探讨的文献还较少。戴觅等（2015）研究认为，在外部逆向收入冲击下，产品在国外的出口难以持续，只能转为内销。仲伟周等（2011）通过比较危机时期低附加值的纺织类产品、高附加值的机电类产品的出口增速，发现前者的增速降幅明显小于后者，在一定程度上可从产品质量差异的角度进行解释。但他们都未进一步分析收入冲击、质量差异与出口变动之间的因果关系。伯绍德等（Berthou et al.，2010）发现危机时期，欧盟进口价格指数下跌的原因在于居民消费结构的变动，高达24%的变动是由于高质量产品需求下降所造成的。最近一些研究认为，大危机期间总贸易额的收缩主要是由于高质量产品贸易额的下降所引起（Esposito et al.，2011）。在"质量恩格尔曲线"上，高质量产品具有更高的收入需求弹性。埃斯波西托（Esposito et al.，2011）也意外地发现，在2008～2009年间，意大利出口到欧盟的低质量产品所遭受的负面冲击，比中等质量和高质量产品所受的负面冲击还要大。埃斯波西托等（2011）进一步研究发现，从1990年到2008年，意大利中等质量和低质量产品经历了质量升级过程。因而在大危机期间，其中等质量和高质量产品的出口下滑有所缓解。跨境的"质量恩格尔曲线"效应是否存在？这需要基于不同实际加以检验，以理清外部收入冲击、产品质量差异与出口贸易变动之间的因果关系。关于金融危机期间的外部收入冲击对我国出口贸易影响的实证研究还较零散，鲜有从产品质量差异角度分析外部收入冲击对出口贸易变动的异质性影响，因而本书就此展开较系统的实证研究。

8.2　产品质量、产品出口等指标的测算与数据处理

早期最具代表性的产品质量测度文献当属斯科特（Schott，2004），他基于高质量产品的单位价值一般也较高的思想，利用产品单位价值量来近似代替产品质量。胡梅尔斯等（2004）、Hallak（2006）等学者在随后研究中也大量使用了该方法。这一方法不能将企业成本、生产率、市场竞争等因素的差异从单位价值量中剥离。为了改进存在的缺陷，阿拉和斯科特（2011）、阿米特（Amit et al.，2013）利用事后推理思路测算产品质量。他们的逻辑基本一致，即价格相同时，市场绩效越好，产品质量越高。这

样就可利用市场销售量、市场占有率、价格等需求信息反推产品质量。施炳展（2013）、王永进等（2014）、张杰等（2014）、盛丹等（2017）利用需求信息反推法测算了中国出口产品质量。王永进等从上游垄断视角考察产品质量升级作用机制。张杰等根据 2000～2006 年海关数据测算后发现：中国出口产品质量总体呈轻微下降趋势。

本书参照大多数贸易研究文献，将"质量"定义为不可测量的属性，即能够吸引消费者愿意为之花较高价格并购买更多的产品。本书选择了科汉德沃、斯科特和魏等（2013）提出的颇具代表性的测算方法（KSW 方法）。该方法的理论基础在于引入消费者对产品质量的偏好，利用数量、价格等需求信息反推产品质量。在产品价格相同的条件下，市场份额越高或市场绩效越好，其产品质量也相对较高。以芬斯特拉等（2014）、余淼杰等（2017）为代表的需求供给信息汇总测算法，是学者们提出的最新方法。余淼杰等（2017）利用海关和工企数据，测算了 2000～2006 年间中国出口产品质量。芬斯特拉提出"穷国进口高质量产品，因为其无力本地生产"，其研究出发点以发达国家出口产品质量为主。本部分主题涉及中国的出口产品质量，且发达国家从中国大量进口低质量产品，而其以加工贸易方式为主。因此，本书使用国际上既普遍也比较前沿的 KSW 方法来测算产品质量。

KSW 方法即假设消费者效用由消费数量和质量共同决定，消费效用函数表示如下：

$$U = \left(\int_{\tau} (q_{c\tau} \times x_{c\tau})^{(\sigma_h-1)/\sigma_h} d\tau \right)^{\sigma_h/(\sigma_h-1)} \qquad (8-1)$$

其中，$q_{c\tau}$ 和 $x_{c\tau}$ 表示 c 国消费者对产品 τ 的质量、数量需求。σ_h 为产品种类 h 中不同产品品种间的替代弹性。给定预算约束 $\int_{\tau} p_{c\tau} \times x_{c\tau} d\tau = I_{ch}$，产品 τ 的消费函数表示如下：

$$x_{c\tau} = q_{c\tau}^{\sigma_h-1} \times p_{c\tau}^{-\sigma_h} \times P_{ch}^{\sigma_h-1} \times I_{ch} \qquad (8-2)$$

式（8-2）所对应的价格指数表示如下：

$$P_{ch} = \left(\int_{\tau} (p_{c\tau}/q_{c\tau})^{1-\sigma_h} d\tau \right)^{1/(1-\sigma_h)} \qquad (8-3)$$

对式（8-1）取对数进行整理可得下式：

$$(\sigma_h - 1)\ln(q_{c\tau}) = \ln(x_{c\tau}) + \sigma_h \ln(p_{c\tau}) - (\sigma_h - 1)\ln(P_{ch}) - \ln(I_{ch})$$

$$(8-4)$$

式（8-4）拥有非常明显的经济学含义：假定不同品种的价格相等，高质量产品的销量更高。更进一步地，我们纳入时间维度 t 以及企业维度 f，整理式（8-4）可得：

$$\ln(x_{fcht}) + \sigma_h \ln(p_{fcht}) = (\sigma_h - 1)\ln(P_{cht}) + \ln(I_{cht}) + (\sigma_h - 1)\ln(q_{fcht})$$

$$(8-5)$$

计量模型中所普遍使用的方法是加入年份—国家固定效应 μ_{ct}，以及产品固定效应 μ_h（Fan et al.，2015；樊海潮、郭光远，2015）。

$$\ln(x_{fcht}) + \sigma_h \ln(p_{fcht}) = \mu_h + \mu_{ct} + \varepsilon_{fcht} \qquad (8-6)$$

其中，固定效应抓住产品价格，以及产品数量在跨产品种类上的差异；固定效应 μ_{ct} 搜集目的价格指数 P_{cht} 和收入 I_{cht} 的信息。利用数量与价格两个维度数据，进行 OLS 回归得到的残差就是产品质量，即被估计的产品质量为 $\ln(\hat{q}_{fcht}) = \hat{\varepsilon}_{fcht}/\sigma_h$，它反映企业产品质量溢价，也意味着产品质量随生产率提高而提升。回归的技术性问题在于替代弹性 σ 的取值范围。已有大量文章对替代弹性 σ 的数值进行了估算，安德森和温库普（Anderson & Wincoop，2004）总结文献关于替代弹性的测算结果，提出替代弹性合理取值范围为 $[5，10]$。在主要的测算和实证中，我们使用 σ=5 和 σ=10 两个数值。考虑到不同行业内的替代弹性（σ_i）有所不同，在稳健性检验时，我们还利用了布罗达和威斯坦因（Broda & Weinstein，2006）对替代弹性的估计，测算了不同行业替代弹性条件下的产品质量。

本书所使用数据是海关总署的海关数据。参考樊等（Fan et al.，2015）的处理流程，我们对海关数据进行了如下处理：（1）删去了出口国信息不详、缺失以及出口国为中国的样本，删去了出口数量、价值存在缺失，或为 0 的样本，删去了出口企业中的贸易中间商。（2）将产品层面 HS8 位码对齐到 HS6 位码，并将全部产品编码协调统一到 HS96 版本的六位码。（3）在年份—企业—产品—国家的维度，将产品数量和价值进行加总，利用勃兰特等（2012）的产品平减价格指数进行调整。（4）按企业性质进行分类，分为国有、民营、外资、合资、其他等 5 类企业[①]。（5）根据贸易方式进行分类，分为一般贸易、加工贸易和其他贸易方式 3 种[②]。

---

　①　在下面分析中，主要对前 4 种企业进行探讨。
　②　由于其他贸易方式占总出口比重相对较小，下面主要对加工贸易和一般贸易方式的出口进行分类讨论。

最终，本书用于回归分析所用的数据为 2000～2009 年间的数据，154185个企业出口到 234 个国家或地区的 9935140 个观察值。采用画图法进行初步分析，如图 8-1 所示，横轴表示产品质量，纵轴表示金融危机时期（2008 年和 2009 年）与前金融危机时期（2007 年）的产品出口额对数差值，左半部的产品质量按替代弹性为 5 测算，右半部的产品质量按替代弹性为 10 测算。由图 8-1 可知，产品质量与产品出口额差值存在负相关关系，即产品质量越高，其出口变动在金融危机期间受到影响越大，外部收入冲击对产品出口的影响随着质量的提高而增强。

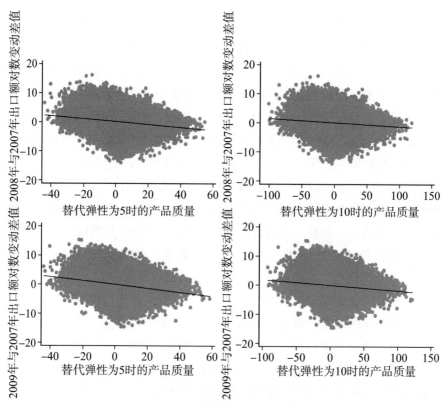

图 8-1　产品质量与出口变动散点

资料来源：stata13 软件计算绘制。

8.3　外部收入冲击影响机制分析

8.3.1　作图分析

　　为了将收入冲击对产品出口影响的质量异质性效果识别出来，本章以 2008 年金融危机的中国出口贸易为例进行分析，使用双重差分法进行实证检验。DID 的基本思想在于对比处理组和控制组在实验发生前后或者政策发生前后的差别（Angrist et al.，2008）。DID 的一个重要基本假设就是"共同趋势假设"，即处理组和控制组在自然实验之前的变动趋势一致。我们采用文献中广泛采纳的画图法，对双重差分法的适用性进行判断。如图 8 - 2 所示，我们借鉴连续分组型双差分文献的通常做法（周茂等，2016），以产品质量中位数作为临近点，将产品分为高质量组和低质量组，

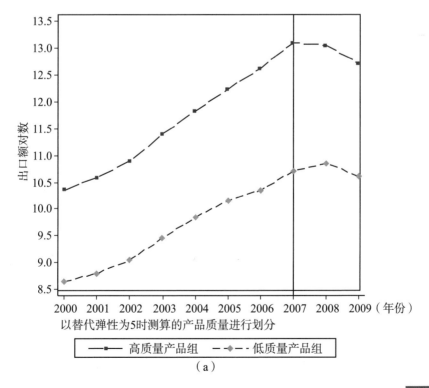

以替代弹性为5时测算的产品质量进行划分

高质量产品组　　低质量产品组

（a）

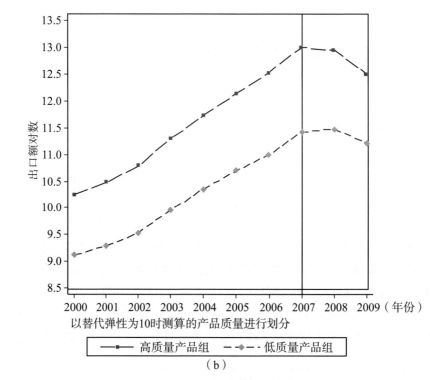

以替代弹性为10时测算的产品质量进行划分

——■—— 高质量产品组   – –◆– – 低质量产品组

（b）

图 8 - 2   平行趋势假设检验

资料来源：stata13 软件计算绘制。

横轴表示年份，纵轴表示两组产品的出口额对数。在 2008 年金融危机以前，高质量组和低质量组的出口都呈上升趋势，且趋势基本一致。而在金融危机时期，高质量组和低质量组的出口总体呈下滑趋势，前者下滑程度明显高于后者。当替代弹性为 5 时，与上年相比，2008 年的高、低质量产品组的出口变动分别为 - 4.24% 和 15.47%；2009 年的高、低质量产品组的出口相对 2008 年分别下降 - 34.85% 和 - 25.93%。高质量组出口下滑程度高于低质量组。出口变化差异和金融危机发生在时间上的一致性表明这样的事实，即外部逆向收入冲击显著降低了高质量产品出口。

8.3.2 基准回归

双重差分法的一个重要步骤就是选择适当的处理组和控制组，戴觅等（2015）、毛其淋等（2016）、盛丹等（2017）大多数学者采取把全样本分为两组的思路,处理组取值为 1,控制组取值为 0。本书采取在国内外逐渐兴起的连续分组思路（Lu & Yu, 2015; Liu & Qiu, 2016）。根据法吉尔保姆等（2011）的理论预测,在金融危机时期的负向收入冲击影响下,高质量产品出口下滑程度高于低质量产品。在质量差异和收入冲击的时间动态条件存在的情况下,我们可构建一个连续分组型双重差分模型,将高质量产品（处理组）的出口变化和低质量产品（控制组）的出口变化求差,即得到收入冲击引起的出口变化的净处理效应。模型设定如式（8 - 7）所示:

$$lnvalue_{fcht} = \alpha_0 + \alpha_1 qlty_{fch2007} + \alpha_2 crise_t + \alpha qlty_{fch2007} \times crise_t$$

$$+ \beta controls_{ct} + D_f + D_c + D_h + \varepsilon_{fcht} \qquad (8 - 7)$$

其中,$lnvalue_{fcht}$ 表示企业 f 在 t 年时从中国出口到 c 国的 HS 六位码产品 h 的出口额。$qlty_{fch2007}$ 表示金融危机发生前一年（2007 年）企业出口产品的质量,该变量是连续变量而非虚拟变量,能够很好地将连续分组标识出来。$crise_t$ 表示时间虚拟变量,前金融危机时期（2000 ~ 2007 年）取值为 0,金融危机时期（2008 ~ 2009 年）取值为 1。α 的系数反映了金融危机时期收入冲击对出口的异质性影响,这种异质性是由产品质量高低界定的。当 α 的系数为负时,意味着相较于低质量产品,高质量产品受收入冲击的负面影响更强。控制变量 $controls_{ct}$ 用以控制一系列可能影响出口的出口目的国特征,具体而言,控制了出口目的国 GDP、物价水平和对中国的实际有效汇率。GDP 数据来源于世界银行世界发展指标数据库（world development indicators, WDI）,物价水平数据来源于宾夕法尼亚大学世界数据库 7.0（Penn World Table7.0）,实际有效汇率数据来源于 IMF 的 IFS 数据库。ε_{fcht} 表示随机误差项。为减少遗漏变量偏误,在回归中加入企业固定效应 D_f,控制不随时间变化的企业特征;以及国家固定效应 D_c,控制不随时间变化的国家特征;还有产品固定效应 D_h,控制不随时间变化的产品特征。为降低自相关与异方差的影响,所有回归系数标准误均在企业—国家—产品层面上进行 cluster 处理。

如表 8 - 1 所示,加入企业、国家、产品固定效应后,可决系数逐渐增大,拟合程度逐步提高。在 $\sigma = 5$ 或 $\sigma = 10$ 的产品质量回归结果中,产品质量与危机虚拟变量的交乘项 $qlty_{2007} \times crise$ 系数均在 1% 的水平上显著为负,说明质量高低对产品出口的影响在金融危机时期存在差异,与低质量产品相比,高质量产品出口下滑更为严重。在控制变量方面:消费者价格指数 cpi 系数显著负,说明出口目的国通货膨胀率越高,越倾向于减少

表 8-1

收入冲击、产品质量与出口异质性的基准回归 I

替代弹性	σ=5				σ=10			
lnvalue	(1)	(2)	(3)	(4)	(5)	(6)	(7)	(8)
$qlty_{2007}$ × crise	-0.044*** (-133.31)	-0.026*** (-86.00)	-0.024*** (-79.02)	-0.025*** (-86.87)	-0.018*** (-112.52)	-0.009*** (-61.90)	-0.008*** (-57.38)	-0.008*** (-62.36)
crise	0.636*** (314.75)	0.523*** (294.19)	1.016*** (331.67)	0.892*** (308.59)	0.674*** (325.77)	0.541*** (299.41)	1.128*** (360.45)	1.010*** (341.23)
$qlty_{2007}$	0.164*** (595.64)	0.173*** (557.38)	0.170*** (553.26)	0.190*** (648.82)	0.049*** (371.65)	0.049*** (327.53)	0.048*** (321.96)	0.056*** (395.99)
cpi	-0.591*** (-104.77)	-0.239*** (-46.85)	-1.893*** (-116.54)	-1.455*** (-95.42)	-0.643*** (-108.67)	-0.315*** (-58.06)	-2.296*** (-138.52)	-1.875*** (-120.42)
gdp	0.216*** (237.68)	0.224*** (263.96)	0.412*** (27.01)	0.624*** (43.08)	0.224*** (231.94)	0.222*** (243.70)	0.301*** (19.55)	0.512*** (34.94)
rer	-0.076*** (-27.62)	-0.039*** (-15.88)	-1.160*** (-158.28)	-0.993*** (-144.13)	-0.080*** (-27.80)	-0.036*** (-13.62)	-1.338*** (-178.65)	-1.180*** (-167.21)
企业固定效应	否	是	是	是	否	是	是	是
国家固定效应	否	否	是	是	否	否	是	是
产品固定效应	否	否	否	是	否	否	否	是
adj. R²	0.155	0.368	0.374	0.468	0.076	0.306	0.315	0.404
N	9592282	9592282	9592282	9592282	9592282	9592282	9592282	9592282

注：括号内是估计系数的 t 值；***、**、* 分别表示在 1%、5% 和 10% 统计水平上显著，所有回归系数的标准误均在企业—国家—产品层面上进行 cluster 处理。

从中国进口。实际有效汇率 rer 系数显著为负,说明当中国相对于出口目的国货币升值时,中国对该国出口会下降。出口目的国 GDP 系数显著为正,当一国经济发展水平越高,中国企业对该国的出口也会随之增加。

由于回归分析使用的是面板数据,我们还可选择较为严格的模型设定以保证实证结果的稳健性。基本思想就是加入个体固定效应,即企业—国家—产品固定效应 D_{fch} 与年份固定效应 D_t,前者控制了不随时间变化的个体特征,如进口商对企业某种产品的偏好、进口商与企业就某种产品签署的长期合约等因素;后者控制了只随时间变化的共同冲击,如整体经济宏观走势等因素。需要说明的一点是,企业固定效应 D_f、国家固定效应 D_c、产品固定效应 D_h、产品质量 $qlty_{fch2007}$、金融危机虚拟变量 $crise_t$ 都被该模型设定中的两个固定效应所吸收。我们又借鉴陈等(Chen et al.,2015)的做法,使用了更为严格的模型设定,即将年份固定效应 D_t 替换为企业—国家—年份固定效应 D_{fct}。这种固定效应的设定好处在于可以进一步控制所有企业、目的国层面所面临的需求、供给冲击,这种设定又多包含了如下两个固定效应:企业—年份固定效应 D_{ft},以及国家—年份固定效应 D_{ct}[①],前者控制了随时间变化的企业特征变量,如库存调整、信贷约束、企业规模等,后者控制了随时间变化的国家特征变量,如贸易保护、贸易多边阻力、经济波动等。通过上述模型设定,可以在很大程度上缓解遗漏变量偏误问题,见式(8-8)、式(8-9)。

$$lnvalue_{fcht} = \alpha qlty_{fch2007} \times crise_t + D_{fch} + D_t + \varepsilon_{fcht} \qquad (8-8)$$

$$lnvalue_{fcht} = \alpha qlty_{fch2007} \times crise_t + D_{fch} + D_{fet} + \varepsilon_{fcht} \qquad (8-9)$$

如表 8-2 所示,列(1)、列(3)两列加入企业—国家—产品固定效应 D_{fch} 与年份固定效应 D_t,列(2)、列(4)两列将年份固定效应 D_t 替换为企业—国家—年份固定效应 D_{fet}。采用更为严格的设定之后,可决系数增大,拟合程度逐步提高。在 $\sigma=5$ 或 $\sigma=10$ 的产品质量回归结果中,产品质量与危机虚拟变量交互项 $qlty_{2007} \times crise$ 系数均在 1% 水平上显著为负,说明高质量产品的出口额下滑更明显。在相对宽松的设定中,一单位产品质量的上升,出口额的下滑范围为 0.6% ~ 2.3% [列(1)和列(3)];采用更为严格设定后,出口下滑范围为 1.3% ~ 4% [列(2)和列(4)]。总结基准

---

① 企业—国家—产品固定效应 D_{fch} 与企业—国家—年份固定效应 D_{fet} 存在着一些重叠部分,stata 运行过程中会自动对重叠部分进行处理,下同。

回归实证结果可发现，金融危机较前金融危机时期，中国的产品出口呈下滑态势，这种出口变动具质量上的差异，即与低质量产品相比，高质量产品的出口下滑更多。根据计算的各年高质量产品组和低质量产品组的质量均值，没有发现在金融危机前后出现显著的中国出口产品质量升级过程。按 $\sigma = 5$ 测算，在 2006 年低质量组和高质量组的质量均值分别为 1.21 和 5.19，在 2009 年低质量组和高质量组的质量均值分别为 0.94 和 4.99；按 $\sigma = 10$ 测算，在 2006 年低质量组和高质量组的质量均值分别为 1.64 和 9.65，在 2009 年低质量组和高质量组的质量均值分别为 0.95 和 9.22。

表 8－2 　　　　　收入冲击、产品质量与出口异质性的基准回归 II

替代弹性	$\sigma = 5$		$\sigma = 10$	
lnvalue	（1）	（2）	（3）	（4）
$qlty_{2007} \times crise$	－0.023 *** （－91.58）	－0.040 *** （－100.33）	－0.006 *** （－53.79）	－0.013 *** （－68.21）
固定效应：				
企业—国家—产品	是	是	是	是
年份	是	否	是	否
企业—国家—年份	否	是	否	是
adj. R^2	0.702	0.725	0.701	0.725
N	9592282	9935140	9592282	9935140

　　注：括号内是估计系数的 t 值；*** 、** 、* 分别表示在 1%、5% 和 10% 统计水平上显著，所有回归系数的标准误均在企业—国家—产品层面上进行 cluster 处理。

8.3.3　假设识别检验

　　安慰剂检验（placebo test）的目的是检验 DID 基本假设是否满足。一般存在两种寻找安慰剂变量的方法：一是针对收入冲击大的样本国家作为因果关系考察的情况，选取低收入冲击样本国家作为安慰剂变量，检验是否有类似的特征。二是把虚拟的冲击实施时间往前推几年，作为虚拟的冲击时点，如检验没有发现类似因果，则结果稳健（彭飞等，2016）。前者相当于一个三重差分，后者相当于检验了冲击前的共同趋势。本书做了这两种安慰剂检验。安慰剂检验 1：将收入冲击较小的国家和其他国家或地区分为两组，分别设定为虚拟变量，将这些虚拟变量与 $qlty_{fch2007} \times crise_t$ 交乘后纳入回归。在 DID 基本假设前提满足条件下，收入冲击较小的国家（安慰剂变量）三重交互项的系数将不显著，反之则模型设定存在偏误。有些国家并未受到金融危机的显著干扰，依然保持良好发展态势，这为进行安慰剂检验提供了条件。本书选取了三个具有代表性的高经济增长国家：东帝汶（D_{tls}）、阿塞拜疆（D_{aze}）、阿富汗（D_{afg}），金融危机时期的人均 GDP 增长率高达 12.45%、7.82% 和 9.53%。根据表 8-3 上半部，代表性国家虚拟变量与 $qlty_{fch2007} \times crise_t$ 交互项系数均未通过 10% 水平下的显著性检验，说明在金融危机时期，中国对这三个低收入冲击影响国家的出口并未发生显著变化，也表明 DID 基本假设成立。$D_{otherc1} \times qlty_{2007} \times crise$ 三重交互项系数显著为负，说明对其他样本国家或地区而言，收入冲击会造成其对中国进口需求的下降，这种影响具有以产品质量划分的异质性，即高质量产品进口需求下降显著大于低质量产品的进口需求下降。安慰剂检验 2：在金融危机前选择虚拟自然实验发生点。如果该假设时点的自然实验效果也显著，说明高质量产品组（处理组）和低质量产品组（控制组）之间没有共同变化趋势，反之亦然。选择 2002 年、2004 年作为虚拟自然实验发生时点，也取其前一年的质量。根据表 8-3 下半部，$qlty_{2001} \times crise_{2002}$、$qlty_{2003} \times crise_{2004}$ 交乘项系数均未通过 10% 水平显著性检验，说明在真实危机发生前，处理组和控制组的变动趋势不存在较明显差异，共同趋势假设在 2008 年以前不成立的可能性较小。

金融危机从美国次贷危机开始，之后逐步蔓延至欧盟、日本等发达经济体，进而通过贸易、金融等途径波及全球。参考安慰剂检验 1 的样本选择思路，选取可能受金融危机影响最大的三个经济体进行异质性探讨：欧盟（D_{un}）美国（D_{usa}）、日本（D_{jpn}），其金融危机时期人均 GDP 增长率为 -2.44%，-2.42% 和 -3.27%。将这些出口目的经济体虚拟变量与质量危机交互项 $qlty_{fch2007} \times crise_t$ 进行交乘，并纳入回归。根据表 8-4 所示，出口到欧盟、美国、日本的高质量产品均出现大幅下滑，说明了目的国所受收入冲击越强，以产品质量划分的出口异质性效应就越明显。列（4）和列（8）同时控制了所有国家虚拟变量的交乘项，实证结果基本保持不变。

表8-3

安慰剂检验实证结果

安慰剂检验1	σ=5				σ=10			
lnvalue	(1)	(2)	(3)	(4)	(5)	(6)	(7)	(8)
$D_{otherc1}$ × qlty$_{2007}$ × crise	-0.040102*** (-100.32)	-0.040110*** (-100.34)	-0.040106*** (-100.32)	-0.040115*** (-100.33)	-0.013072*** (-68.22)	-0.013076*** (-68.25)	-0.013074*** (-68.21)	-0.013078*** (-68.23)
D_{tls} × qlty$_{2007}$ × crise	-0.041373 (-0.98)			-0.041373 (-0.98)	-0.018 (-0.89)			-0.018 (-0.89)
D_{aze} × qlty$_{2007}$ × crise		-0.008 (-0.27)		-0.008 (-0.27)		0.003 (0.23)		0.003 (0.23)
D_{afg} × qlty$_{2007}$ × crise			-0.016922 (-0.85)	-0.017 (-0.85)			-0.003127 (-0.32)	-0.003171 (-0.32)
固定效应:								
企业—国家—产品	是	是	是	是	是	是	是	是
企业—国家—年份	是	是	是	是	是	是	是	是
adj. R²	0.725	0.725	0.725	0.725	0.725	0.725	0.725	0.725
N	9935140	9935140	9935140	9935140	9935140	9935140	9935140	9935140

续表

安慰剂检验2	σ = 5				σ = 10			
lnvalue	(1)	(2)	(3)	(4)	(5)	(6)	(7)	(8)
$qlty_{2001}$ × $crise_{2002}$	0.011 (1.02)		−0.009 (−0.74)		0.017 (0.85)		−0.007 (−0.99)	
$qlty_{2003}$ × $crise_{2004}$		0.041 (0.52)		0.064 (0.23)		0.011 (0.45)		0.029 (0.63)
固定效应:								
企业—国家—产品	是	是	是	是	是	是	是	是
年份	是	是	否	否	是	是	否	否
企业—国家—年份	否	否	是	是	否	否	是	是
adj. R^2	0.701	0.694	0.736	0.731	0.700	0.692	0.735	0.734
N	5838879	3349934	4003189	2182029	5838879	3349934	4003189	2182029

注：括号内为 t 值；***、**、* 表示在 1%、5% 和 10% 统计水平上显著，所有回归系数的标准误均在企业—国家—产品层面上进行 cluster 处理。部分回归系数在小数点七位后才有所区别，为此将它们的字号降低。$D_{other|c|}$ 表示这三国之外的其他国家或地区。

表 8 - 4　出口目的市场异质性分析

替代弹性	σ = 5				σ = 10			
lnvalue	(1)	(2)	(3)	(4)	(5)	(6)	(7)	(8)
$D_{otherc2}$ × $qlty_{2007}$ × crise	-0.038*** (-82.57)	-0.041*** (-96.62)	-0.041*** (-99.83)	-0.040*** (-76.92)	-0.012*** (-56.08)	-0.013*** (-65.94)	-0.013*** (-67.90)	-0.013*** (-52.56)
D_{un} × $qlty_{2007}$ × crise	-0.047*** (-58.84)			-0.047*** (-58.84)	-0.015*** (-40.11)			-0.015*** (-40.11)
D_{usa} × $qlty_{2007}$ × crise		-0.036*** (-29.14)		-0.036*** (-29.14)		-0.012*** (-19.10)		-0.012*** (-19.10)
D_{jpn} × $qlty_{2007}$ × crise			-0.027*** (-18.56)	-0.027*** (-18.56)			-0.009*** (-12.32)	-0.009*** (-12.32)
固定效应:								
企业—国家—产品	是	是	是	是	是	是	是	是
企业—国家—年份	是	是	是	是	是	是	是	是
adj. R^2	0.725	0.725	0.725	0.725	0.725	0.725	0.725	0.725
N	9935140	9935140	9935140	9935140	9935140	9935140	9935140	9935140

注：括号内是估计系数的 t 值；***、**、* 分别表示在 1%、5% 和 10% 统计水平上显著，所有回归系数的标准误均在企业—国家—产品层面上进行 cluster 处理。$D_{otherc2}$ 表示欧盟、美国、日本之外的其他国家或地区集合。

8.4 稳健性检验

为保证实证分析结论的稳健性，我们还进行了大量稳健性检验来验证实证结果的可靠性。

8.4.1 替代弹性重新设定

上文产品质量测算所使用替代弹性 σ 取值为 5 和 10，现实世界中不同行业的替代弹性有所不同（$\sigma = \sigma_i$），本书还使用了布罗达和威斯坦因（2006）中替代弹性的估计结果，测算了新的产品质量，该产品质量与 $\sigma = 5$ 和 $\sigma = 10$ 下的质量测算结果相关系数分别高达 0.8196 和 0.7686。如表 8-5 所示[①]，主要解释变量系数的符号与显著性并未发生太大变化[②]，实证结果比较稳健。

表 8-5　　　　　　　　　　　替代弹性的重新设定

替代弹性	$\sigma = \sigma_i$					
lnvalue	（1）	（2）	（3）	（4）	（5）	（6）
$\text{qlty}_{2007} \times$ crise	-0.058*** (-21.13)	-0.040*** (-15.87)	-0.037*** (-14.69)	-0.038*** (-17.25)	-0.034*** (-52.10)	-0.051*** (-40.62)
控制变量：	是	是	是	是	是	否
固定效应：						
企业	否	是	是	是	—	—
国家	否	否	是	是	—	—
产品	否	否	否	是	—	—
企业—国家—产品	—	—	—	—	是	是

———————

① 列（1）~（4）是未加入个体固定效应和时间固定效应的双重差分模型实证结果，列（5）、列（6）则和上文类似，加入了个体固定效应和时间固定效应。

② 为了实证结果的稳妥起见，在下面分析中，我们还将这一产品质量测算结果纳入主要分析中。

续表

替代弹性	$\sigma = \sigma_i$					
lnvalue	(1)	(2)	(3)	(4)	(5)	(6)
年份	—	—	—	—	是	否
企业—国家—年份	—	—	—	—	否	是
adj. R^2	0.198	0.397	0.403	0.495	0.702	0.726
N	9592282	9592282	9592282	9592282	9592282	9935140

注：括号内是估计系数的 t 值；***、**、* 分别表示在 1%、5% 和 10% 统计水平上显著，所有回归系数的标准误均在企业—国家—产品层面上进行 cluster 处理。此处不再汇报控制变量系数的估计，其符号方向和显著性与表 8-1 基本一致。

8.4.2 产品质量重新定义

为了稳健性起见，我们以 2006 年的产品质量，以及 2006 年与 2007 年的平均产品质量来重新定义处理组与控制组的划分标准，进行新一轮的实证检验。表 8-6 的回归结果显示，系数的符号与显著性并未发生太大变化，实证结果比较稳健。

表 8-6　　　　　　　　产品质量的重新定义

产品质量	2006 年的产品质量			2006 年与 2007 年的平均产品质量		
	$\sigma = 5$	$\sigma = 10$	$\sigma = \sigma_i$	$\sigma = 5$	$\sigma = 10$	$\sigma = \sigma_i$
lnvalue	(1)	(2)	(3)	(4)	(5)	(6)
$qlty_{2006} \times$ crise	-0.050*** (-98.23)	-0.017*** (-66.46)	-0.072*** (-37.78)			
$qlty_{2006/7} \times$ crise				-0.033*** (-55.95)	-0.011*** (-37.31)	-0.045*** (-31.33)
固定效应：						
企业—国家—产品	是	是	是	是	是	是
企业—国家—年份	是	是	是	是	是	是

续表

产品质量	2006 年的产品质量			2006 年与 2007 年的平均产品质量		
	$\sigma = 5$	$\sigma = 10$	$\sigma = \sigma_i$	$\sigma = 5$	$\sigma = 10$	$\sigma = \sigma_i$
adj. R^2	0.855	0.854	0.855	0.856	0.855	0.856
N	8700242	8700242	8700242	5838879	5838879	5838879

注：括号内是估计系数的 t 值；***、**、*分别表示在 1%、5% 和 10% 统计水平上显著，所有回归系数的标准误均在企业—国家—产品层面上进行 cluster 处理。

8.4.3　内生性问题再处理

此前所采用的比较严格的个体固定效应面板数据模型，已在很大程度上缓解了遗漏变量偏误所可能带来的内生性问题。尽管分组连续变量选取的是 2007 年的产品质量，但它与其他年份出口需求的相关性可能是间接而微弱的。为进一步谨慎起见，在此依然关注产品质量与出口需求之间可能的双向因果关系。本书借鉴菲斯曼等（Fisman et al.，2007）做法，选取企业—国家—产品—年份分组的产品质量均值作为产品质量的工具变量（IV）。产品质量实际可分解为它的均值和围绕其均值扰动的部分，前者与各产品质量相关，后者与随机误差项相关。产品质量分组均值与各产品质量相关，满足 IV 选择相关性假设。产品质量分组均值只通过各产品质量，以影响不同质量产品的出口，满足排他性约束。在表 8 – 7 的 Panel A，基于 IV 进行两阶段最小二乘估计（2SLS），Cragg – Donald Wald 和 F 统计量均显示拒绝弱 IV 原假设，限于篇幅未报告。为稳健起见，在 Panel B 基于 IV 进行有限信息极大似然估计（ilml），ilml 对弱工具变量更不敏感。估计结果显示，主要解释变量系数符号与显著性未发生太大变化，实证结果较稳健。

表 8 – 7　　　　　　　　基于工具变量法的内生性问题再处理

估计方法	Panel A：两阶段最小二乘法（2sls）			Panel B：有限信息极大似然法（liml）		
lnvalue	（1）	（2）	（3）	（4）	（5）	（6）
$qlty_{2007} \times$ crise	− 0.047 *** (− 141.36)	− 0.013 *** (− 91.89)	− 0.055 *** (− 46.59)	− 0.068 *** (− 171.96)	− 0.015 *** (− 104.75)	− 0.088 *** (− 44.87)

续表

估计方法	Panel A：两阶段最小二乘法（2sls）			Panel B：有限信息极大似然法（liml）		
lnvalue	（1）	（2）	（3）	（4）	（5）	（6）
gdp	0. 580 *** (31. 83)	0. 571 *** (31. 66)	0. 552 *** (30. 28)	2. 646 *** (290. 86)	2. 587 *** (286. 68)	2. 663 *** (284. 08)
rer	− 0. 272 *** (− 53. 31)	− 0. 280 *** (− 55. 13)	− 0. 273 *** (− 53. 47)	− 0. 302 *** (− 77. 73)	− 0. 324 *** (− 83. 65)	− 0. 298 *** (− 75. 20)
adj. R^2	0. 702	0. 702	0. 703	0. 330	0. 323	0. 330
F	6016. 260	3112. 197	1504. 328	37185. 290	34890. 190	32828. 650
Prob	0. 000	0. 000	0. 000	0. 000	0. 000	0. 000
固定效应：						
企业—国家—产品	是	是	是	—	—	—
年份	是	是	是	—	—	—
企业—国家—年份	—	—	—	是	是	是
N	8249747	8249747	8249747	8249747	8249747	8249747

注：括号内是估计系数的 t 值；*** 、** 、* 分别表示在 1% 、5% 和 10% 统计水平上显著，所有回归系数的标准误均在企业—国家—产品层面上进行 cluster 处理。

8.4.4　两期样本估计

在上面双重差分法使用过程中，为尽可能控制自相关与异方差问题，我们计算了企业—国家—产品层面的稳健标准误，但多期双重差分法估计可能存在一定的序列相关问题，从而会夸大实证结果的显著性水平。为解决多期双重差分法可能带来的序列相关问题，在此参考勃兰特等（2004）做法，使用两期双重差分法进行分析。将样本数据分为两期，前金融危机时期（2000 ~ 2007 年）与金融危机时期（2008 ~ 2009 年），然后使用怀特异方差稳健标准误法进行估计。如表 8 - 8 所示，系数的符号与显著性并未发生太大变化，实证结果依然保持稳健。

表 8 - 8		两期样本估计	
替代弹性	$\sigma = 5$	$\sigma = 10$	$\sigma = \sigma_i$
lnvalue	(1)	(2)	(3)
$qlty_{2007} \times crise$	-0.044*** (-109.82)	-0.015*** (-77.03)	-0.054*** (-39.37)
固定效应:			
企业—国家—产品	是	是	是
企业—国家—年份	是	是	是
adj. R^2	0.703	0.700	0.703
N	5457143	5457143	5457143

注：括号内是估计系数的 t 值；***、**、* 分别表示在 1%、5% 和 10% 统计水平上显著，所有回归系数的标准误均在企业—国家—产品层面上进行 cluster 处理。

8.5 多重分组研究与收入冲击再量化

8.5.1 多重分组研究

8.5.1.1 企业特征分组

本部分按贸易方式、企业规模、企业性质等企业特征对样本进行多重分组。表 8 - 9 分组 I 是加工贸易和一般贸易的回归结果：无论是替代弹性 $\sigma = 5$、$\sigma = 10$，还是 $\sigma = \sigma_i$，产品质量与危机虚拟变量交互项 $qlty_{2007} \times crise$ 系数均在 1% 的水平上显著为负。一般贸易回归系数绝对值大于加工贸易系数绝对值，说明相对于加工贸易，一般贸易中高质量产品在金融危机时期的出口额下降更为明显。原因可能在于三个方面：（1）加工贸易企业与国外企业已形成稳定伙伴关系，短期内更换合同可能性较小，尤其对高质量产品的生产而言。（2）在收入冲击影响下，国外消费者往往倾向于本国产品，这时一般贸易企业更易受到影响。（3）一般贸易企业易于在出口和内销之间进行转换。参考布里孔恩等（Bricongne et al.，2012）对企业规模大小的划分方法，将企业按出口额排序，再将企业出口在 80 分位数及以下的企业定义为小型企业，将 80 分位数以上的企业定义为大型企业。根据表 8 - 9 企业分组 II，$qlty_{2007} \times crise$ 系数均显著为负，小规模企业回归中的系数绝对值大于大规模企业，表明与大规模企业比，小规模企业的高质量产品出口在金融危机中受到的冲击更强。可能的解释有：（1）大规模企业在规模和信用等方面更具优势，外国进口商更可能减少对小规模企业的进口。（2）小规模企业在外部融资方面受到的限制较高，金融危机时期的信贷约束问题尤为严重。（3）高质量产品在国际贸易中往往需要更高的运输和配送成本，则小规模企业的融资约束难题对高质量产品的影响更为严重。又将企业按其性质分为国有、民营、外资、合资等类型，分别进行回归。结果见表 8 - 9 企业分组 III 和 V。民营企业样本的回归系数绝对值最大，这反映了在金融危机时期，民营企业高质量产品的出口下滑最为严重。上述现象的原因可能在于：民营企业难以走出金融危机时的融资困境，国有企业却易于获得政府或银行资金支持。作为外资企业和合资企业的外国出资方往往不会坐视其所投资项目失败，外资企业和合资企业在危机时期也能从外国获得一定的资金援助。由此认为在金融体系还不健全情况下，解决民营企业或小规模企业的"融资难"现象是一个亟待解决问题。

表 8 - 9　　　　　　　　　　多重企业分组估计

替代弹性	$\sigma = 5$	$\sigma = 10$	$\sigma = \sigma_i$	$\sigma = 5$	$\sigma = 10$	$\sigma = \sigma_i$
分组 I：贸易方式	一般贸易			加工贸易		
lnvalue	(1)	(2)	(3)	(4)	(5)	(6)
$qlty_{2007} \times$ crise	-0.043 *** (-77.52)	-0.014 *** (-53.07)	-0.056 *** (-32.72)	-0.032 *** (-16.17)	-0.011 *** (-11.81)	-0.035 *** (-11.20)
adj. R^2	0.714	0.713	0.715	0.749	0.749	0.749
N	6599839	6599839	6599839	2691763	2691763	2691763
分组 II：企业规模	大规模企业			小规模企业		
lnvalue	(7)	(8)	(9)	(10)	(11)	(12)
$qlty_{2007} \times$ crise	-0.039 *** (-57.90)	-0.013 *** (-41.16)	-0.041 *** (-24.47)	-0.043 *** (-89.66)	-0.014 *** (-58.92)	-0.062 *** (-37.78)

分组Ⅱ：企业规模	大规模企业			小规模企业		
lnvalue	（7）	（8）	（9）	（10）	（11）	（12）
adj. R²	0.750	0.749	0.750	0.718	0.717	0.719
N	2303472	2303472	2303472	7631668	7631668	7631668
分组Ⅲ：企业性质（1）	国有			民营		
lnvalue	（13）	（14）	（15）	（16）	（17）	（18）
qlty₂₀₀₇ × crise	- 0.034 *** （- 39.06）	- 0.012 *** （- 28.72）	- 0.044 *** （- 18.96）	- 0.052 *** （- 80.30）	- 0.016 *** （- 50.93）	- 0.085 *** （- 33.59）
adj. R²	0.679	0.679	0.679	0.699	0.697	0.699
N	1398961	1398961	1398961	3922319	3922319	3922319
分组Ⅴ：企业性质（2）	外资			合资		
lnvalue	（19）	（20）	（21）	（22）	（23）	（24）
qlty₂₀₀₇ × crise	- 0.035 *** （- 48.99）	- 0.012 *** （- 34.77）	- 0.035 *** （- 21.45）	- 0.035 *** （- 32.69）	- 0.011 *** （- 21.65）	- 0.050 *** （- 20.57）
adj. R²	0.761	0.760	0.761	0.730	0.730	0.730
N	2874450	2874450	2874450	1736054	1736054	1736054
固定效应：						
企业—国家—产品	是	是	是	是	是	是
企业—国家—年份	是	是	是	是	是	是

注：括号内是估计系数的 t 值；*** 、** 、* 分别表示在 1% 、5% 和 10% 统计水平上显著，所有回归系数的标准误均在企业—国家—产品层面上进行 cluster 处理。

8.5.1.2 大区分组

本书又将样本按大区分为东、中、西部三个子样本。根据表 8 - 10 所示，在各替代弹性下，西部地区高质量产品在金融危机时期的出口下降更为明显，

表 8 - 10　　　　　　　　　地区分组估计

替代弹性	东部			中部			西部		
Invalue	σ = 5	σ = 10	σ = σ_i	σ = 5	σ = 10	σ = σ_i	σ = 5	σ = 10	σ = σ_i
	(1)	(2)	(3)	(4)	(5)	(6)	(7)	(8)	(9)
$qlty_{2007}$ × crise	-0.039 ***	-0.056 ***	-0.049 ***	-0.013 ***	-0.018 ***	-0.016 ***	-0.049 ***	-0.091 ***	-0.083 ***
	(-94.85)	(-31.08)	(-18.44)	(-64.50)	(-20.93)	(-12.37)	(-39.02)	(-15.08)	(-22.08)
固定效应:									
企业—国家—产品	是	是	是	是	是	是	是	是	是
企业—国家—年份	是	是	是	是	是	是	是	是	是
adj. R^2	0.727	0.736	0.735	0.726	0.734	0.734	0.727	0.737	0.736
N	5758295	233266	113557	5758295	233266	113557	5758295	233266	113557

注：括号内是估计系数的 t 值；***、**、* 分别表示在 1%、5% 和 10% 统计水平上显著，所有回归系数标准误差均在企业—国家—产品层面上进行 cluster 处理。

东部其次，中部最小。西部地区远离东部港口码头，高质量产品出口贸易运输成本更高，这或许是它们受到冲击最大的原因。东部地区是我国主要的出口加工区，高质量产品聚集度高，所以其受到的冲击相对比中部高。

8.5.2 收入冲击再量化

2008 年金融危机对全球经济的影响是巨大的，在收入减少的情况下，居民会缩减不必要的支出，这又会造成工厂销售利润下滑，并可能退出市场，造成大批工人失业。这里选取收入冲击的再量化指标包括支出和失业两个维度的信息：各国的人均支出增长率、失业率，分别用 expg 和 unem 来表示，数据来源于世界银行 WDI 数据库。将收入冲击指标与 $qlty_{2007} \times$ crise 的三重交互项同时纳入回归进行分析，结果如表 8 – 11 所示。$expg \times qlty_{2007} \times crise$ 系数显著为正意味着，即如果在金融危机时期，其他国家居民人均支出处在减少状态，会对中国出口带来危害，对高质量产品出口的影响更严重。随着失业率增加，中国高质量产品的出口下滑也会较为严重，$unem \times qlty_{2007} \times crise$ 的系数符号显著为负则说明了这点。上述分析与文献的理论预测相一致，在负向外部收入冲击影响下，各国居民普遍减少了购买欲望，对产品质量的需求欲望也显著下降，此时高质量产品的销售下滑更为严重。将这一典型事实推广到国际贸易领域，即对出口国高质量产品的需求也会显著下降，针对中国产品层面的出口变动研究验证了这一现象。

表 8 – 11　　　　　　　　　　收入冲击再量化的估计

替代弹性	$\sigma = 5$		$\sigma = 10$		$\sigma = \sigma_i$	
lnvalue	（1）	（2）	（3）	（4）	（5）	（6）
expg × $qlty_{2007}$ × crise	0.068 *** (10.90)		0.019 *** (6.23)		0.097 *** (8.49)	
unem × $qlty_{2007}$ × crise		– 0.538 *** (– 95.49)		– 0.174 *** (– 65.59)		– 0.643 *** (– 21.90)

续表

替代弹性	$\sigma = 5$		$\sigma = 10$		$\sigma = \sigma_i$	
lnvalue	（1）	（2）	（3）	（4）	（5）	（6）
固定效应：						
企业—国家—产品	是	是	是	是	是	是
企业—国家—年份	是	是	是	是	是	是
adj. R^2	0.726	0.727	0.726	0.726	0.726	0.727
F	118.823	9118.628	38.760	4301.424	72.135	479.449
Prob	0.000	0.000	0.000	0.000	0.000	0.000
N	5800326	5961836	5800326	5961836	5800326	5961836

注：括号内是估计系数的 t 值；***、**、*分别表示在1%、5%和10%统计水平上显著，所有回归系数的标准误均在企业—国家—产品层面上进行 cluster 处理。

8.6 本章小结

本章利用2000~2009年间高度细化的海关贸易数据库，基于需求信息反推思想的 KSW 方法，测算了中国产品层面的出口质量。然后从产品质量这一新切入点出发，基于金融危机这一自然实验框架，采用双重差分法检验了外部收入冲击对产品出口的异质性影响。这种异质性以产品质量高低进行衡量的。研究发现，金融危机下的收入冲击对高质量产品出口的抑制作用强于低质量产品，安慰剂检验和稳健性检验也证实了估计的可靠性。不同贸易方式、企业规模、企业性质、不同地区样本出口变动的表现也存在明显差异：一般贸易相对于加工贸易、小规模企业相对于大规模企业、民营企业相对于其他类型企业，在高质量产品出口中的下滑更为严重；西部地区高质量产品在金融危机时期的出口下降更为明显，东部其次，中部最小。可能的原因有：除金融危机下的收入冲击之外，供给因素也是影响产品出口的重要原因，如融资约束、运输成本、地区生产分布等。利用支出、失业指标再量化收入冲击后发现，随着出口目的国所受收入冲击的增强，中国高、低质量产品的出口表现差异愈发明显。

　　21 世纪以来，中国企业逐渐重视产品质量提升，如格力空调、华为手机等一些优质产品已成为国际上的信誉保障。但是全球经济发展瞬息万变，中国出口贸易企业要时刻警惕，尤其是在积极攀登产品质量阶梯过程中，需更加小心提防外部逆向收入冲击可能带来的影响。这是因为与低质量产品相比，高质量产品出口受到收入冲击的打击更大，2008 年金融危机对中国出口贸易的影响就是个鲜活的案例。研究的部分结论显示，部分经济增长未受影响的新兴市场国家仍可为我国在后危机时代转变出口市场提供新机遇。我们没有发现中国出口产品在金融危机前后经历显著的质量升级，实现我国出口产品的质量升级还有很长的路要走。产品创新和质量升级既需要市场，也需要时间。在逆全球化趋势抬头、发达国家加强了知识产权保护的形势下，中国更需要增强自主创新能力。目前全球多数国家处在低速增长阶段，我国的低质量产品仍具有市场和竞争力，这为我国调整产业结构、提高科技实力和产品质量升级赢得了时间，在这期间有必要对现阶段经济发展模式和对外贸易格局进行有针对性的调整。第一，政府应积极引导企业出口转向"一带一路"国家、发展中地区等新兴经济体市场，降低对外出口目的国市场集中度，提高国际贸易地理方向上的多元性。第二，转变经济增长动力，大力挖掘内需潜力，提高国内消费者的有效需求，将"出口转内销"发展成为经济的新常态。第三，深化金融市场改革，扩大中小型或民营企业融资渠道，鼓励金融机构积极创新融资方式，为其提供全方位信贷服务，以预防和降低金融风险造成的损害。第四，以供给侧结构性改革为契机，加快推进要素市场改革，为企业应对风险提供相应扶持，减轻国际市场冲击，从而在一定程度上帮助缓解经济危机所引起的不利影响。

第 9 章　结论与政策启示

在中国企业不断嵌入 GVC 的过程中，如何有效推进中国企业出口产品质量升级是实现中国经济高质量发展的关键环节。通过构建体现 GVC 嵌入影响的企业出口产品质量决定方程，并基于此进行结构模型分析发现：随着中国企业不断嵌入 GVC 的纵深，面临的来自发达国家领导企业的低端锁定风险也将愈来愈大。随后的 Meta 分析、影响机制分析和稳健性检验亦证实了一些重要结论。为验证基准回归是否稳健，进行了出口质量的其他衡量、企业价值链嵌入指标的其他衡量、两阶段最小二乘法、多期 DID、扩展样本期等一系列稳健性检验。分别从企业 GVC 嵌入类型、所有制、贸易方式和地区差异等角度进行了异质性分析。

本书中以金融危机作为外生冲击所构建的多期 DID 模型，揭示了价值链嵌入对出口质量影响的存在。中国在近 10 年嵌入 GVC 过程中，遭遇了全球金融危机冲击，它对中国企业不同质量的出口贸易有何影响？为此，本书亦从质量维度这一新切入点出发，应用双重差分法分析外部收入冲击、质量差异与出口变动之间的因果关系。安慰剂和稳健性检验均证实了实证结果估计的可靠性。本书也估计了不同特征企业、地区，以及一些增长未受影响国家在质量维度上对中国出口需求的差异表现。

9.1　主要结论

9.1.1　中国企业 GVC 嵌入与出口质量间存在倒"U"型关系

根据倒"U"型曲线顶点临界值，以及样本期中国企业出口质量均值，可判断多数中国企业尚处于出口质量提升区间，整体呈波动上升趋势。

9.1.2 在嵌入 GVC 过程中，中国企业通过竞争效应促进了出口质量提升

中间品效应和大市场效应未能起到期望的质量提升作用。尽管是中间品进口大国，但低端原料进口产生了 GVC 锁定效应；与发达国家贸易并未带来"以市场换技术"的效果，其通过技术壁垒锁定了中国企业质量提升之路。

9.1.3 中国企业在嵌入 GVC 的过程中应注重生产率、产品创新与研发等的提升

中国企业应通过市场竞争来倒逼企业质量升级，应克服融资约束等问题，也需发挥质量优势，而非规模优势。

9.1.4 GVC 嵌入对出口质量的影响存在异质性

（1）从嵌入类型看，全面嵌入 GVC 为企业带来的质量提升效应最为明显。（2）从所有制看，相对于合资企业与外资企业，国有企业在 GVC 嵌入过程中的持续升级难度更大，民营企业则具有更高的质量升级动能，外资企业的质量升级难度最小。（3）从贸易方式看，加工贸易的质量提升效应要低于一般贸易和混合贸易。（4）从区域差异看，沿海地区质量持续升级能力较大，西部地区具较强出口质量提升潜力；由于产业结构单一、转型阻力较大，中部、东北地区面临质量提升困境。价值链嵌入显著促进了长江中游、长三角、京津冀、中原、珠三角企业的出口质量升级；由于产业结构单一、地理区位劣势，关中与成渝城市群企业未能在 GVC 嵌入过程中呈现质量升级趋势。

9.1.5 金融危机下的收入冲击对高质量产品出口的抑制作用强于低质量产品

安慰剂检验和稳健性检验也证实了估计的可靠。不同收入条件下的质

量需求弹性具异质性，即所谓"质量恩格尔曲线"效应。当需求跨越国境之后，这种效应也是显著存在。

9.1.6 不同贸易方式、企业规模、企业性质、不同地区样本出口变动的表现也存在明显差异

一般贸易相对于加工贸易、小规模企业相对于大规模企业、民营企业相对于其他类型企业，在高质量产品出口中的下滑更为严重；西部地区高质量产品在金融危机时期的出口下降更明显，东部其次，中部最小。可能的原因有：除金融危机下的收入冲击之外，供给因素也是影响产品出口的重要原因，如融资约束、运输成本、地区生产分布等。利用支出、失业指标再量化收入冲击后发现，随着出口目的国所受收入冲击的增强，中国高、低质量产品的出口表现差异愈发明显。

9.1.7 中国出口产品在金融危机前后经历显著的质量升级

产品创新和质量升级既需要市场，也需要时间，实现我国出口产品的质量升级还有很长的路要走。

9.2 政策启示

本书的研究结论具有如下启示：第一，中国企业在不断嵌入 GVC 纵深的过程中，需密切关注其质量提升之路上可能面临的发达国家领导企业施加的低端锁定风险，并通过增强自主研发能力以对冲此类风险。第二，通过优化进口中间品结构以提高进口中间品质量和多样性，帮助摆脱低端原料进口所带来的低端锁定困境。第三，中国应反思和改革"以出口市场换技术"的策略，帮助企业在国际市场上由价格竞争走向质量竞争。第四，完善所有制改革，摒弃"大而全"思想，增强国有企业的竞争意识和市场意识，帮助民营企业克服融资约束，充分调动各类经营主体的积极性，激活其市场活力。第五，通过高铁、无线网络宽带等基础设施建设，

帮助区位不占优势地区增强与中国经济发达地区的市场联系，并打破地区分割、改变产业结构单一痼疾，形成全国统一大市场，从而推动更多的中国企业在嵌入 GVC 过程中，全面提升出口产品质量。第六，新兴市场仍可为中国出口市场提供新机遇。第七，中国的低质量产品仍具有市场和竞争力。这为我国调整产业结构、提高科技实力和产品质量升级赢得了时间。第八，有必要对现阶段经济发展模式和对外贸易格局进行有针对性的调整。（1）政府应积极引导企业出口转向"一带一路"国家、发展中地区等新兴经济体市场，降低对外出口目的国市场集中度，提高国际贸易地理方向上的多元性。（2）转变经济增长动力，大力挖掘内需潜力，提高国内消费者的有效需求，将"出口转内销"发展成为经济的新常态。（3）深化金融市场改革，扩大中小型企业或民营企业融资渠道，积极创新融资方式，以预防和降低金融风险对这类企业所造成的损害。（4）以供给侧结构性改革为契机，加快推进要素市场改革，为企业应对风险提供相应扶持，减轻国际市场对本国市场冲击，从而在一定程度上帮助缓解经济危机所引起的不利影响。

参 考 文 献

[1] 程云龙，刘小鹏，刘泓翔，张羽婷．都市圈空间界定方法的应用研究 [J]．区域与城市研究，2011（8）．

[2] 陈云松．逻辑、想象和诠释：工具变量在社会科学因果推断中的应用 [J]．社会学研究，2012（6）．

[3] 戴觅，茅锐．外需冲击，企业出口与内销：金融危机时期的经验证据 [J]．世界经济，2015（1）．

[4] 樊海潮，郭光远．出口价格、出口质量与生产率间的关系：中国的证据 [J]．世界经济，2015（2）．

[5] 范金，姜卫民，刘瑞翔．增加值率能否反映经济增长质量？[J]．数量经济技术经济研究，2017（2）．

[6] 简泽，段永瑞．企业异质性、竞争与全要素生产率的收敛 [J]．管理世界，2012（8）．

[7] 蓝庆新，姜峰．"一带一路"与以中国为核心的国际价值链体系构建 [J]．人文杂志，2016（5）．

[8] 李坤，于渤，李清均．"躯干国家"制造向"头脑国家"制造转型的路径选择 [J]．管理世界，2014（7）．

[9] 李磊，刘斌，王小霞．外资溢出效应与中国价值链参与 [J]．世界经济研究，2017（4）．

[10] 李惠娟，蔡伟宏．全球价值链嵌入对中国服务业出口技术复杂度影响 [J]．国际贸易问题，2017（1）．

[11] 李胜旗，毛其淋．制造业上游垄断与企业出口国内附加值——来自中国的经验证据 [J]．中国工业经济，2017（3）．

[12] 刘海洋，林令涛，高璐．进口中间品与出口产品质量升级：来自微观企业的证据 [J]．国际贸易问题，2017（2）．

[13] 刘维刚，倪红福，夏杰长．生产分割对企业生产率的影响 [J]．

世界经济，2017（8）.

［14］刘维林，李兰冰，刘玉海. 全球价值链嵌入对中国出口技术复杂度的影响［J］. 中国工业经济，2014（6）.

［15］刘志彪，张杰. 从融入全球价值链到构建国家价值链：中国产业升级的战略思考［J］. 学术月刊，2009（9）.

［16］刘志彪.“一带一路”倡议下全球价值链重构与中国制造业振兴［J］. 中国工业经济，2017（6）.

［17］李晓萍，李平，吕大国，江飞涛. 经济集聚、选择效应与企业生产率［J］. 管理世界，2015（4）.

［18］吕越，黄艳希，陈勇兵. 全球价值链嵌入的生产率效应：影响与机制分析［J］. 世界经济，2017（7）.

［19］马述忠，吴国杰. 中间品进口、贸易类型与企业出口产品质量——基于中国企业微观数据的研究［J］. 数量经济技术经济研究，2016（11）.

［20］毛其淋，盛斌. 中国制造业企业的进入退出与生产率动态演化［J］. 经济研究，2013（4）.

［21］毛其淋，许家云. 中间品贸易自由化与制造业就业变动——来自中国加入 WTO 的微观证据［J］. 经济研究，2016（1）.

［22］毛海涛，钱学锋，张洁. 企业异质性、贸易自由化与市场扭曲［J］. 经济研究，2018（2）.

［23］孟祺. 基于“一带一路”的制造业全球价值链构建［J］. 财经科学，2016（2）.

［24］聂辉华，贾瑞雪. 中国制造业企业生产率与资源误置［J］. 世界经济，2011（7）.

［25］孙学敏，王杰. 全球价值链嵌入的“生产率效应”——基于中国微观企业数据的实证研究［J］. 国际贸易问题，2016（3）.

［26］邵慰. 创新驱动、转型升级与中国装备制造业发展［M］. 北京：中国社会科学出版社，2016.

［27］盛丹，张慧玲. 环境管制与我国的出口产品质量升级——基于两控区政策的考察［J］. 财贸经济，2017（8）.

［28］施炳展. 中国企业出口产品质量异质性：测度与事实［J］. 经济学（季刊），2013（1）.

[29] 施炳展,王有鑫,李坤望.中国出口产品品质测度及其决定因素 [J].世界经济,2013 (9).

[30] 施炳展,邵文波.中国企业出口产品质量测算及其决定因素——培育出口竞争新优势的微观视角 [J].管理世界,2014 (9).

[31] 施炳展,曾祥菲.中国企业进口产品质量测算与事实 [J].世界经济,2015 (3).

[32] 王磊,魏龙."低端锁定"还是"挤出效应"[J].国际贸易问题,2017 (8).

[33] 王一鸣.中国经济新一轮动力转换与路径选择 [J].管理世界,2017 (2).

[34] 王玉燕,林汉川,吕臣.全球价值链嵌入的技术进步效应——来自中国工业面板数据的经验研究 [J].中国工业经济,2014 (9).

[35] 王玉柱."一带一路"倡议下中国及世界经济"再平衡"的实现机制 [J].现代经济探讨,2016 (12).

[36] 王雅琦,戴觅,徐建炜.汇率、产品质量与出口价格 [J].世界经济,2015 (5).

[37] 王永进,施炳展.上游垄断与中国企业产品质量升级 [J].经济研究,2014 (4).

[38] 汪建新."中国出口商品结构之谜"——一个垂直专业化解释视角 [J].国际贸易问题,2013 (7).

[39] 魏龙,王磊.从嵌入全球价值链到主导区域价值链 [J].国际贸易问题,2016 (5).

[40] 席艳乐,贺莉芳.嵌入全球价值链是企业提高生产率的更好选择吗——基于倾向评分匹配的实证研究 [J].国际贸易问题,2015 (12).

[41] 谢千里,罗斯基,张轶凡.中国工业生产率的增长与收敛 [J].经济学:季刊,2008 (7).

[42] 徐朝阳,周念利.市场结构内生变迁与产能过剩治理 [J].经济研究,2015 (2).

[43] 许和连,成丽红,孙天阳.制造业投入服务化对企业出口国内增加值的提升效应——基于中国制造业微观企业的经验研究 [J].中国工业经济,2017 (10).

[44] 许家云,毛其淋,胡鞍钢.中间品进口与企业出口产品质量升

级：基于中国证据的研究［J］.世界经济，2017（3）.

［45］殷德生.中国入世以来出口产品质量升级的决定因素与变动趋势［J］.财贸经济，2011（11）.

［46］余淼杰.加工贸易、企业生产率和关税减免——来自中国产品面的证据［J］.经济学：季刊，2011（3）.

［47］余淼杰，张睿.中国企业出口质量的准确衡量：挑战与解决方法［J］.经济学：季刊，2017（1）.

［48］张辉，易天，唐毓璇.一带一路：全球价值双环流研究［J］.经济科学，2017（3）.

［49］张杰，陈志远，刘元春.中国出口国内附加值的测算与变化机制［J］.经济研究，2013（10）.

［50］张杰，郑文平，翟福昕.中国出口产品质量得到提升了么？［J］.经济研究，2014（10）.

［51］张末楠."一带一路"战略框架下的全球价值链合作［J］.区域经济评论，2016（5）.

［52］仲伟周，蔺建武.全球金融危机对我国出口贸易的影响及应对策略研究［J］.国际贸易问题，2012（9）.

［53］周春山，刘毅.发达国家的再工业化及对我国的影响［J］.世界地理研究，2013（1）.

［54］周茂，陆毅，符大海.贸易自由化与中国产业升级：事实与机制［J］.世界经济，2016（10）.

［55］Ahn J B, Khandelwal A K, Wei S J. The role of intermediaries in facilitating trade［J］. Journal of International Economics, 2011, 84（1）.

［56］Amiti M, Konings J. Trade Liberalization, Intermediate Inputs, and Productivity: Evidence from Indonesia［J］. American Economic Review, 2007, 97（5）.

［57］Amiti M, Khandelwal A K. Import Competition and Quality Upgrading［J］. Social Science Electronic Publishing, 2012, 95（2）.

［58］Anderson J E., Van Wincoop E. Trade costs［J］. Journal of Economic literature, Vol. 42, No. 2, 2004.

［59］Angrist J D, Pischke J. Mostly Harmless Econometrics［J］. European Review of Agricultural Economics, 2008, 87（2）.

［60］ Barreto, I. Dynamic Capabilities: A Review of Past Research and an Agenda for the Future ［J］. Journal of Management, 2010, 36 (1).

［61］ Bastos P, Silva J. The quality of a firm's exports: Where you export to matters ［J］. Journal of International Economics, 2010, 82 (2).

［62］ Bems R, di Giovanni J. Income-Induced Expenditure Switching ［J］. American Economic Review, Vol. 106, No. 12, 2016.

［63］ Berthou A, Emlinger C. Crises and the Collapse of World Trade: the Shift to Lower Quality ［R］. CEPII research center, 2010.

［64］ Bertrand M, Duflo E, Mullainathan S. How Much Should We Trust Differences-In-Differences Estimates? ［J］. Quarterly Journal of Economics, Vol. 119, No. 1, 2004.

［65］ Bils M, Klenow P J. Quantifying quality growth ［J］. American Economic Review, 2001.

［66］ Brandt, Loren, Johannes Van Biesebroeck, and Yifan Zhang. Creative Accounting or Creative Destruction? Firm-level Productivity Growth in Chinese Manufacturing ［J］. Journal of Development Economics, 2012, 97 (2).

［67］ Bricongne J C, Fontagné L, Gaulier G, et al. Firms and the global crisis: French exports in the turmoil ［J］. Journal of international Economics, Vol. 87, No. 1, 2012.

［68］ Burstein A, Jaimovich N. Understanding Movements in Aggregate and Product-Level Real-Exchange Rates ［R］. Unpublished Paper, 2013, 1 (19).

［69］ Brandt L, Biesebroeck J V, Wang L, et al. WTO Accession and Performance of Chinese Manufacturing Firms ［J］. Cepr Discussion Papers, 2017, 107 (9).

［70］ Chen N, Juvenal L. Quality and the Great Trade Collapse ［R］. Cepr Discussion Papers, 2015, 16 (30).

［71］ Coibion O, Gorodnichenko Y, Hong G H. The cyclicality of sales, regular and effective prices: Business cycle and policy implications ［J］. American economic review, Vol. 105, No. 3, 2015.

［72］ De Loecker J, Warzynski F. Markups and firm-level export status ［J］. American Economic Review, 2012, 102 (6).

[73] Esposito P, Vicarelli C. Explaining the Performance of Italian Exports During the Crisis: (Medium) Quality Matters [R]. Working Papers Luisslab, 2011.

[74] Fan C S. Increasing Returns, Product Quality and International Trade [J]. Economica, 2005, 72 (285).

[75] Fan H, Lai E L C, Li Y A. Credit constraints, quality, and export prices: Theory and evidence from China [J]. Journal of Comparative Economics, 2015, 43 (2).

[76] Fajgelbaum P, Grossman G M, Helpman E. Income distribution, product quality, and international trade [J]. Journal of political Economy, 2011, 119 (4).

[77] Fan H, Li Y A, Yeaple S R. On the Relationship Between Quality and Productivity: Evidence from China's Accession to the WTO [J]. Journal of International Economics, 2017 (110).

[78] Feenstra R C, Romalis J. International prices and endogenous quality [J]. The Quarterly Journal of Economics, 2014, 129 (2).

[79] Fisman, Raymond, and J. Svensson. Are corruption and taxation really harmful to growth? Firm level evidence [J]. Journal of Development Economics, 2007, 83 (1).

[80] Haichao Fan & Yao Amber Li & Stephen R. Yeaple. Trade Liberalization, Quality, and Export Prices [J]. Review of Economics and Statistics, MIT Press, Vol. 97 (5), 2015.

[81] Hallak J C, Product quality and the direction of trade [J]. Journal of International Economics, Vol. 68, No. 1, 2006.

[82] Hallak J C, Sivadasan J. Firms' Exporting Behavior Under Quality Constraints [J]. Social Science Electronic Publishing, 2009.

[83] Hallak J C, Schott P K. Estimating cross-country differences in product quality [J]. Quarterly Journal of Economics, Vol. 126, No. 1, 2011.

[84] Hamstra M. Dollar General Files IPO [R]. Supermarket News, 8/31/2009, http://www.supermarketnews.com/retail – amp – financial/dollar – general – files – ipo – 0.

[85] Hummel D, Klenow P J. The variety and quality of a nation's exports

［J］. American Economic Review, Vol. 95, No. 3, 2005.

［86］ Hummel D, Skiba A. , Shipping the good apples out? An empirical confirmation of the Alchian-Allen conjecture ［J］. Journal of political Economy, Vol. 116, No. 6, 2004.

［87］ Jaimovich E, Merella V. Love for quality, comparative advantage, and trade ［J］. Journal of International Economics, Vol. 97, No. 2, 2015.

［88］ Kee H L, Tang H. Domestic Value Added in Exports: Theory and Firm Evidence from China ［J］. Social Science Electronic Publishing, 2015, 106 (6).

［89］ Khandelwal A K, Schott P K, Wei S J. Trade Liberalization and Embedded Institutional Reform: Evidence from Chinese Exporters ［J］. American Economic Review, 2013, 103 (6).

［90］ Koopman R, Wang Z. Tracing Value-Added and Double Counting in Gross Exports ［J］. Social Science Electronic Publishing, 2012, 104 (2).

［91］ Linder S B. An essay on trade and transformation ［J］. Journal of Political Economy, 1961 (1).

［92］ Liu Q, Qiu L D. Intermediate input imports and innovations: Evidence from Chinese firms'patent filings ［J］. Journal of International Economics, Vol. 103, No. 1, 2016.

［93］ Lu Y, Yu L. Trade Liberalization and Markup Dispersion: Evidence from China's WTO Accession ［J］. American Economic Journal Applied Economics, 2015, 7 (4).

［94］ Manova K, Zhang Z. China's Exporters and Importers: Firms, Products and Trade Partners ［J］. Nber Working Papers, 2009 (2008 – 28).

［95］ Manova K, Zhang Z. Export Prices Across Firms and Destinations ［J］. Quarterly Journal of Economics, 2012, 127 (1).

［96］ Maria Chiarvesio, Eleonora Di Maria, Stefano Micelli. Global Value Chains and Open Networks: The Case of Italian Industrial Districts ［J］. European Planning Studies, 2010, 18 (3).

［97］ Maing C, Moneta A. More or better? Measuring quality versus quantity in food consumption ［J］. Journal of Bioeconomics, 2014, 16 (2).

［98］ Melitz M J. The Impact of Trade on Intra-Industry Reallocations and

Aggregate Industry Productivity [J]. Econometrica, 2003, 71 (6).

[99] Orsini N, Li R, Wolk A, et al. Meta-analysis for linear and nonlinear dose-response relations: examples, an evaluation of approximations, and software [J]. American Journal of Epidemiology, 2012, 175 (1).

[100] Schott P K. Across-Product Versus Within-Product Specialization in International Trade [J]. Quarterly Journal of Economics, 2004, 119 (2).

[101] Thornton J. American Wine Economics: An Exploration of the US Wine Industry [R]. University of California Press, Berkeley and Los Angeles, California, 2013.

[102] Upward R, Wang Z, Zheng J. Weighing China's export basket: The domestic content and technology intensity of Chinese exports [J]. Journal of Comparative Economics, 2013, 41 (2).

[103] Veseth Mike. Flying Winemakers and the Globalization of Wine [R]. The Wine Economist, 2008, Jan 8, 2011, http: //wineeconomist. com/ 2008/07/20/flying – winemakers – and – the – glocalization – of – wine/.

[104] Wang Z, Wei S J, Zhu K. Quantifying International Production Sharing at the Bilateral and Sector Levels [R]. NBER WORKING PAPER SERIES [C]//NBER WORKING PAPER SERIES. 2013.

[105] Yan B, Baldwin J. Global Value Chains and the Productivity of Canadian Manufacturing Firms [R]. Economic Analysis (EA) Research Paper Series, No. 902014.